Alfred Hitchcock

dargestellt von Bernhard Jendricke

**rowohlts monographien begründet von Kurt Kusenberg
herausgegeben von Wolfgang Müller**

Redaktion: Uwe Naumann
Redaktionsassistenz: Katrin Finkemeier
Umschlaggestaltung: Walter Hellmann
Vorderseite: Alfred Hitchcock
Rückseite: Szene aus «Die Vögel»
(beide Vorlagen: Stiftung Deutsche Kinemathek, Berlin)

Originalausgabe
Veröffentlicht im Rowohlt Taschenbuch Verlag GmbH
Reinbek bei Hamburg, Dezember 1993
Copyright © 1993 by Rowohlt Taschenbuch Verlag GmbH,
Reinbek bei Hamburg
Alle Rechte an dieser Ausgabe vorbehalten
Satz Times PostScript Linotype Library, PM 4.2
Jung Satzcentrum GmbH, Lahnau
Druck und Bindung Clausen & Bosse, Leck
Printed in Germany
1090-ISBN 3 499 50420 0

Inhalt

«. . . die Liebe zum Kino ist für mich entscheidender als jede Moral» 7

Der Sohn eines Kaufmanns 9

Zwischen Kirche und Kino 14

Lehrjahre in der Filmbranche 23

Der gefeierte Jungregisseur 35

Vom Stumm- zum Tonfilm 46

Der «Spezialist für Suspense und Thriller» 57

Neubeginn in Hollywood 66

Experiment und Routine 82

Meisterwerke in Serie 95

«Alfred Hitchcock Presents» 113

Eine Ära geht zu Ende 122

Anmerkungen 132

Zeittafel 137

Zeugnisse 140

Filmographie 143

Bibliographie 152

Namenregister 157

Über den Autor 159

Quellennachweis der Abbildungen 160

«... die Liebe zum Kino ist für mich entscheidender als jede Moral»[1]

Seit den fünfziger Jahren genoß Alfred Hitchcock weltweit größere Popularität als jeder andere Regisseur seiner Zeit. Sein Name stand als Markenzeichen für ein von ihm geschaffenes Filmgenre, das höchsten ästhetischen Anspruch scheinbar mühelos mit den Konventionen der Unterhaltungsindustrie in Einklang brachte und dabei so unverwechselbar war, daß Jean-Luc Godard schrieb, man könne einen Hitchcock-Film bereits an der ersten Einstellung erkennen.[2]

An öffentlicher Bekanntheit übertraf Hitchcock nicht nur alle seine Kollegen[3], sondern auch die von ihm engagierten Darsteller, so weltberühmt sie auch sein mochten. Seine Kurzauftritte in einer Statistenrolle, mit denen er gleichsam seine Werke signierte, mußte er an den Anfang der Filme verlegen, damit das Publikum, das auf sein Erscheinen wartete, nicht zu sehr von der Handlung abgelenkt wurde. Kein anderer als Hitchcock selbst war der eigentliche Star seiner Filme.

In merkwürdigem Kontrast zum Prominentenstatus des Urhebers von Kultfilmen wie *Psycho* und *Die Vögel* steht das Bild des Privatmenschen Hitchcock. Hinter der Legende des monomanischen Filmemachers, der ausschließlich für seine Arbeit lebte, verschwimmen die biographischen Konturen des viktorianisch erzogenen Sohns einer englischen Kaufmannsfamilie fast bis zur Unkenntlichkeit. Angeblich gibt es von Hitchcock so gut wie keine schriftlichen Aufzeichnungen intimer Art, weder Privatbriefe noch Tage- oder Notizbücher. Seine lebenslange Scheu, etwas von seiner Person preiszugeben, kulminiert in dem Satz: *Ich hinterlasse keine Spuren meiner Gegenwart.*[4]

Selten ließ Hitchcock einen Blick in seine persönliche Sphäre zu. Auf die Frage nach seinem Lebensgefühl antwortete er: *Ich bin ungeheuer furchtsam. Darum tue ich alles, was ich kann, um Schwierigkeiten und Komplikationen jeder Art aus dem Weg zu gehen. Ich habe es gern, wenn um mich herum alles durchsichtig ist, ohne Wolken und ohne Lärm. Ein gut aufgeräumter Schreibtisch verschafft mir Seelenfrieden.*[5] Ein aufrichtiges Bekenntnis oder die geschickte Selbstdarstellung eines Experten für Publicity?

So konventionell und sensationslos Hitchcocks Privatleben verlief, so außergewöhnlich war sein künstlerischer Werdegang. Denn eigentlich machte er nicht eine, sondern vier Karrieren: zunächst im Stummfilm, dann im britischen Tonfilm, danach als Vertragsregisseur in Hollywood und schließlich, seit 1948, im Farbfilm. Schon eine dieser Schaffensphasen hätte genügt, ihm einen hohen Rang in der internationalen Filmgeschichte zu sichern. Alfred Hitchcock hat ein Werk hinterlassen, das universelle Resonanz beansprucht: *Wenn man einen Film richtig macht, emotional, dann muß das japanische Publikum an denselben Stellen reagieren wie das indische. Das ist für mich als Regisseur das, worauf es immer ankommt.*[6]

Selbstporträt von
Alfred Hitchcock

Der Sohn eines Kaufmanns

Eine Fotografie aus der Zeit um die Jahrhundertwende zeigt den etwa siebenjährigen Alfred Hitchcock vor dem elterlichen Obst- und Gemüseladen in Leytonstone, einem damals noch eigenständigen Vorort im Osten von London. Auf einem kleinwüchsigen Pferd thronend, posiert Alfred zusammen mit Hitchcock senior, der das Tier am Zaum hält, dem Fotografen: Beide tragen die gleiche Kolonialuniform, und offenbar versucht der Sohn – kamerabewußt –, es seinem Vater in Haltung und Miene gleichzutun.

Die Pose des selbstbewußten, wohlsituierten Bürgers, die der Vater auf diesem Bild präsentiert, war keineswegs angemaßt, sondern entsprach durchaus seinem sozialen Rang. William Hitchcock konnte nach allem, was er als wohlhabender Geschäftsmann erreicht hatte, sich und seine Familie sehen und dies auch fotografisch dokumentieren lassen. In der kleinen Gemeinde von Leytonstone zählte William Hitchcock zu den Honoratioren. Seit 1896 führten er und seine Frau Emma den Laden in der High Road 517, und das Geschäft blühte. Den Handel mit einheimischem Obst und mit Gemüse und Früchten aus den britischen Kolonien hatte William Hitchcock bei seinem Vater erlernt; schon in jungen Jahren hatte er das elterliche Kleinunternehmen in Forest Gate, einem Nachbarort südlich von Leytonstone, übernommen. Der Beruf des Kaufmanns hatte aber noch keine lange Tradition in der Familie.

Alfred Hitchcocks Großvater väterlicherseits, Joseph Hitchcock, war ursprünglich Fischer gewesen. 1851 hatte er die aus Irland stammende Tochter eines Tagelöhners, Ann Mahoney, geheiratet – nach anglikanischem Ritual, was insofern bemerkenswert ist, als seine Frau Katholikin war und auch seine Kinder katholisch erzogen wurden. Aus der Ehe von Joseph Hitchcock und Ann Mahoney gingen neun Söhne und Töchter hervor; Alfreds Vater William wurde am 4. September 1862 in Stratford, im Bezirk West Ham, geboren, wo Joseph Hitchcock sich inzwischen als Gemüsehändler etabliert hatte.

Alfreds Mutter Emma, ein Jahr jünger als ihr Mann, war ebenfalls in West Ham aufgewachsen. Auch ihre Vorfahren waren Auswanderer iri-

William Hitchcock und sein Sohn Alfred vor dem Gemüsegeschäft der Familie, um 1906

scher Herkunft: diese hatten sich in den vornehmlich von Angehörigen der Unterschicht bevölkerten Randbezirken der englischen Metropole angesiedelt. Hier, im traditionellen Arbeitermilieu der East Side, arbeitete John Whelan, Emmas Vater, als Polizeibeamter. Sein Beruf verschaffte ihm unter seinen Nachbarn nicht gerade Sympathien, galt doch bei den Cockneys – der Londoner Arbeiterschicht – die Polizei als korrupt, gewalttätig und als Büttel der Reichen. Auch sein Enkelkind meinte Jahre später: *Eines muß man mir zugute halten, wenigstens wollte ich nie Polizist werden.*[7] Welch nachhaltig negativen Eindruck die Vertreter der Obrigkeit auf den im Cockney-Umfeld aufgewachsenen Alfred machten, sollte sich in seinen Filmen zeigen, wo die Polizeibeamten in der Regel als begriffsstutzige und wenig angenehme Menschen erscheinen.

William Hitchcock und Emma Whelan heirateten 1886. Die katholische Trauung fand in der Kirche des heiligen Antonius von Padua in Upton statt. Den Wohnsitz bezog das frischvermählte Paar in Stratford, wo William einen eigenen Laden eröffnete. 1890 kam das erste ihrer drei Kinder zur Welt, William Hitchcock junior, im September 1892 wurde Ellen Kathleen – ihre Eltern riefen sie «Nellie» – geboren. Erst 1899 folgte als Nachzügler das dritte Kind, Alfred Joseph Hitchcock.

Alfred wuchs in einer Atmosphäre auf, die vom Rhythmus harter Arbeit geprägt wurde. Im selben Gebäude wie der Laden befand sich auch die elterliche Wohnung, und der vom frühen Morgen bis in die späten Abend dauernde Arbeitstag des Vaters bestimmte das Leben der Familie. In seinem filmischen Werk hat Alfred Hitchcock immer wieder die Erinnerung an seine Jugendjahre in einem vom Handel mit Naturalien beherrschten Viertel wachgerufen. Noch in seinem vorletzten Film, *Frenzy*, tauchen mit Obst beladene Pferdekarren auf, wie er sie von seinen frühesten Tagen her kannte.

Als jüngstes von drei Kindern scheint «Fred», wie er in der Familie gerufen wurde, keine sehr enge Beziehung zu seinen Geschwistern entwickelt zu haben – auch in seinem späteren Leben spielten sein Bruder und seine Schwester keine nennenswerte Rolle. Bei Zusammenkünften der Familie saß er *ruhig, ohne etwas zu sagen, in einer Ecke. Ich schaute zu und beobachtete alles. So war ich immer, und so bin ich heute noch. Ich habe mich nie aufgedrängt. Ich war ein Einzelgänger – kann mich noch nicht einmal daran erinnern, jemals einen Spielgefährten gehabt zu haben. Ich spielte alleine, erfand meine eigenen Spiele.*[8] Und im Unterschied zu seinem Bruder interessierte er sich auch nicht sonderlich für den elterlichen Laden.

Alfred wuchs fast wie ein Einzelkind auf, verhätschelt von seiner Mutter, die zu Hause das Sagen hatte, und streng erzogen von einem Vater – *ein leicht erregbarer Mann*[9] –, der sich allem Anschein nach mehr um das Geschäft als um seine Nachkommen kümmerte. Wie es um die väterlichen Erziehungsmethoden bestellt war, illustriert eine Anekdote, die Hitchcock zeit seines Lebens immer wieder auftischte – wobei ungeklärt blieb, ob sich dieses Erlebnis wirklich so zugetragen hat: Im Alter von sechs Jahren fuhr Alfred leidenschaftlich gern allein mit dem Bus kreuz und quer durch London. Eines Abends entdeckte er an der Endhaltestelle mit Schrecken, daß er kein Geld mehr für die Rückfahrt besaß. *Ich ging also zu Fuß zurück und kam erst nach neun Uhr abends nach Hause. Mein Vater öffnete mir ohne ein Wort des Tadels.*[10] Statt dessen trug er seinem Sohn auf, zur Polizeiwache um die Ecke zu laufen und dort einem befreundeten Polizisten namens Watson einen Zettel zu überbringen. Der Constable las den Zettel und steckte daraufhin Alfred, der nicht wußte, wie ihm geschah, für fünf Minuten in die Arrestzelle – denn um nichts anderes hatte der Vater seinen Freund gebeten. *Dazu sagte er: «So machen wir es mit bösen Buben.»*[11]

Diese Episode, mag sie nun erfunden sein oder nicht, diente Hitchcock stets dazu, seine angeblich atavistische Angst vor Polizisten und Gefängnissen zu begründen, die – wie er behauptete – soweit ging, daß er nur sehr ungern selbst das Steuer seines Wagens in die Hand nahm, aus Furcht, er könnte wegen eines Verkehrsvergehens von der Polizei angehalten werden. In der Rückschau auf seine Kindheit hat Hitchcock stets auf das Gefühl der Angst, der Einsamkeit und des Verlassenseins hingewiesen, das ihn häufig überfiel. *Angst? Sie hat mein Leben und meine Karriere beeinflußt. Ich erinnere mich an die Zeit, als ich fünf oder sechs war. Es war Sonntagabend, die einzigen Stunden in der Woche, in denen meine Eltern nicht arbeiten mußten. Sie steckten mich ins Bett und fuhren zum Hyde Park, um spazierenzugehen. [...] Sie glaubten, daß ich bis zu ihrer Rückkehr fest schlafen würde. Aber ich wachte auf, rief nach ihnen und bekam keine Antwort. Nichts als Dunkel um mich herum. Zitternd stand ich auf und wanderte durch das leere, dunkle Haus. Schließlich landete ich in der Küche, fand ein Stück kaltes Fleisch und aß es auf, während ich meine Tränen trocknete.*[12] Vielleicht gehört auch diese Episode in das Repertoire der Geschichten, die Hitchcock zur Selbststilisierung dienten und mit denen er en passant sein nicht nachlassendes Interesse am Thema Angst und Schrecken verständlich machen wollte.

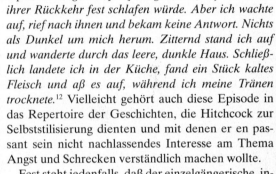

Fest steht jedenfalls, daß der einzelgängerische, introvertierte Junge, der Scheu vor allem Körperlichen zeigte und deshalb auch niemals Sport trieb, schon sehr früh den leiblichen Genuß des Essens als Seelentröster entdeckte, was seine ohnehin vorhandene Neigung zur Dickleibigkeit nur noch verstärkte. So ist es durchaus kein Zufall, daß in Hitchcocks Filmen Nahrungsmittel stets eine wichtige Rolle spielen und nicht selten mit Sexualität und Gewalt in Verbindung gebracht werden, etwa wenn der irre Frauenmörder in *Frenzy* nach der Strangulierung seines Opfers nichts Eiligeres zu tun hat, als hastig einen Apfel zu verschlingen. Auf die Frage eines Journalisten, auf welche Art Hitchcock denn selbst am liebsten ermordet werden wollte, antwortete er: *Nun, es gibt viele nette Möglichkeiten. Essen ist eine gute.*[13]

London, um 1910

Zwischen Kirche und Kino

Emma Hitchcock legte großen Wert auf die katholische Erziehung ihres Sohnes. *Wir waren eine katholische Familie, und in England ist das allein schon etwas Exzentrisches. Ich wurde streng religiös erzogen... Ich glaube zwar nicht, daß ich mich einen katholischen Künstler nennen könnte, aber es kann schon gut sein, daß die Erziehung aus frühesten Kindertagen das Leben eines Mannes beeinflußt und seine Instinkte lenkt[...]. Ich bin mit Sicherheit nicht antireligiös, vielleicht aber zuweilen etwas nachlässig in dieser Richtung.*[14] Auf das Drängen der Mutter hin mußte er sonntags in ihre ehemalige Gemeindekirche nach Stratford zur Messe fahren. Der barocke Glanz der katholischen Meßfeier beeindruckte den Jungen so sehr, daß er einmal einen Küster bestach, um während des Hochamts Meßdiener sein zu dürfen. *Er ließ es mich machen. Aber sobald die Messe begann, fiel mir ein, daß ich ja nicht die Antworten des Meßdieners an den Priester gelernt, nicht einmal einen Versuch in dieser Richtung unternommen hatte. Das war eben nur der kindliche Wunsch, auch einmal Teilnehmer einer Zeremonie zu sein.*[15]

Nachhaltiger – und dies keineswegs nur im positiven Sinn – als durch die sonntäglichen Kirchenbesuche wurde Alfred von der Jesuitenschule in Stamford Hill geprägt, die er ab Herbst 1910 besuchte. Das St. Ignatius College, in das der Elfjährige nach bestandener Aufnahmeprüfung aufgenommen wurde, genoß einen guten Ruf als Erziehungsstätte, in der die viktorianischen Moralvorschriften noch höchste Gültigkeit hatten und großer Wert auf Fleiß, Disziplin und Ordnung gelegt wurde – Tugenden, die Alfreds Vater ebenfalls sehr schätzte und die sich bei ihm in barer Münze auszahlten, wie sein geschäftlicher Erfolg bewies. *Wahrscheinlich hat sich in dieser Zeit bei den Jesuiten mein Angstgefühl so stark entwickelt. Moralische Angst, die Angst, mit dem Bösen in Berührung zu kommen. Ich habe immer versucht, ihm aus dem Weg zu gehen. Warum? Vielleicht aus physischer Furcht vor der Prügelstrafe.*[16] Zu den üblichen Erziehungspraktiken zählte nämlich die körperliche Züchtigung, wobei die Methode der Bestrafung einem abgefeimten Ritual folgte: *das Schlimmste daran für einen armen Jungen von zehn Jahren war, daß er es sich aus-*

suchen konnte, wann seine Strafe vollzogen werden sollte.[17] Natürlich schob es der Bestrafte so lange wie möglich hinaus, was zur Folge hatte, daß ihn der Gedanke daran um so länger quälte. Noch fünfzig Jahre später waren es die Strafmethoden der Priester, dieser *Polizisten der Religion*[18], die Hitchcocks Erinnerung an die Schulzeit beherrschten. Die Jesuiten *erschreckten mich immer zu Tode,* erklärte er in einem Interview, *und nun revanchiere ich mich, indem ich anderen Leuten einen Schrecken einjage.*[19]

Seine Entschädigung für die erlittene Pein mußte sich Hitchcock aber nicht so lange aufsparen, bis er als Regisseur sein Publikum in Schrecken versetzte. Schon während seiner Schulzeit verstand er sich sehr gut darauf, die Jesuitenlehrer zu ärgern und auch seinen Mitschülern böse Streiche zu spielen. Wenn man den Erinnerungen seines ehemaligen Klassenkameraden Robert Goold glauben darf, machte sich Hitchcock einen Spaß daraus, das Hühnerhaus der Priester zu plündern und die gestohlenen Eier gegen die Fenster der Schule zu werfen.[20] Solche und andere, weitaus weniger harmlose Streiche – Goold berichtet zum Beispiel von einer grausamen Mißhandlung, die Hitchcock ihm zugefügt habe[21] – bewiesen das Talent des Jesuitenzöglings, sich auf versteckte Weise zu wehren und die vorgeschriebenen Normen zu brechen, ohne daß sein Ansehen als unauffälliger, ruhiger und zurückhaltender Schüler ins Wanken geriet.

Hitchcock, der von der Pubertät an sehr korpulent wurde, sich selbst als einen *besonders unattraktiven jungen Mann*[22] bezeichnete und bis Mitte Zwanzig nie mit einem Mädchen ausgegangen war, galt als scheu und verschlossen. Seine schulischen Leistungen hingegen waren beachtlich, er gehörte meist zu den Besten seiner Klasse und erhielt im ersten Jahr sogar eine Auszeichnung.

Die außerschulischen Interessen Hitchcocks standen jedoch in scharfem Kontrast zu der von Sitte und Anstand beherrschten Atmosphäre des Colleges. Besonders kriminelles Verhalten übte eine starke Anziehungskraft auf ihn aus. So besuchte er häufig das traditionsreiche Schwurgericht Old Bailey, wenn dort Mordfälle verhandelt wurden. Auch das Polizeimuseum von Scotland Yard, wo Tatwerkzeuge und andere Schaustücke berühmter Verbrechen ausgestellt wurden, hatte es ihm angetan. *Verbrechen haben mich immer fasziniert,* bekannte er in späteren Jahren. *Ich halte das für ein sehr englisches Phänomen. Briten haben ein seltsam ausgeprägtes Interesse an Kriminalliteratur. Das geht zurück bis Conan Doyle.*[23] Kein Wunder also, daß zu seiner bevorzugten Lektüre die Detektivromane von Gilbert Keith Chesterton gehörten, der mit seinem «Pater Brown» in populärer Form Katholizismus und Kriminalistik miteinander verknüpfte, und die Bücher von John Buchan, des-

Old Bailey, Sitz des Londoner Schwurgerichts

sen Roman «The Thirty-nine Steps» Hitchcock in den dreißiger Jahren verfilmen sollte.

Nicht nur das Makabre, Kriminelle und Absonderliche zog ihn an, ihn begeisterte auch eine Form der populären Unterhaltung, die vor allem in den besseren Kreisen der Gesellschaft verpönt war: das Kino. Seine Eltern hatten schon immer eine *Schwäche fürs Theater*[24] gepflegt, die sich auf den Sohn übertrug, und von der Leidenschaft für die Theaterbühne war es nur ein kleiner Schritt, auch an den Lichtspielen Gefallen zu finden.

Im Juli 1913 hatte Hitchcock seine Schulausbildung abgeschlossen. Er verließ das St. Ignatius College ohne ein erkennbares berufliches Ziel oder ein besonderes Interesse für eine bestimmte Tätigkeit. Auch zeigte er keinerlei Neigung, einmal das elterliche Geschäft zu übernehmen. Wie ziellos Hitchcocks Zukunftsvorstellungen am Vorabend des Ersten Weltkrieges waren, wird daran deutlich, daß er sich von Herbst 1913 bis Ende 1914 für Abendkurse an der Londoner Universität einschrieb, die jedermann offenstanden. Die Kurse, die er ziemlich willkürlich belegte, reichten von einer Ausbildung in Navigation bis zur Einführung in die Grundlagen der Elektrizität und der Mechanik. Auch Lehrgänge für Zeichnen, Fräsen, Schmieden und Drechseln hat Hitchcock vermutlich besucht.

William Hitchcock war damals schon seit längerem krank. Zeit seines Lebens hatte er an nervlich bedingten Schmerzzuständen gelitten. Eine Nierenentzündung, herbeigeführt durch einen Abszeß im Unterleib, führte schließlich zu seinem Tod am 12. Dezember 1914. Mit einemmal sah sich die Familie ihres Ernährers beraubt. Zwar standen die Hitchcocks nicht völlig mittellos da, doch auf die Dauer konnte es sich die Familie nicht leisten, den jüngeren Sohn zu unterstützen, der mit tastenden Versuchen herausfinden wollte, wo seine Neigung und sein Talent lagen. *Als ich fünfzehn war, wurde ich aus dem Wagen geworfen und mußte zu Fuß laufen[...]. Ich war auf mich selbst angewiesen und praktisch ohne einen Penny.*[25]

Nach Kriegsbeginn waren viele Arbeitsplätze frei geworden, so daß Hitchcock ohne weiteres bei der Henley Telegraph and Cable Company eine Stelle als technischer Angestellter fand. Im Frühjahr 1915 nahm er dort seine Arbeit auf. Die Firma Henley produzierte elektrische Kabel, die als kriegswichtiges Material galten, was florierende Umsätze garantierte. Hitchcocks Aufgabe bestand darin, Stärke und Kapazität der verschiedenen Elektrokabel zu berechnen, eine Tätigkeit, die ihn nicht begeisterte, geschweige denn forderte. So besuchte er weiterhin die Abendschule und beschäftigte sich vor allem mit Malen und Zeichnen. Als einer seiner Vorgesetzten von seinen künstlerischen Neigungen erfuhr, ließ er ihn in die Werbeabteilung versetzen, *da konnte ich dann anfangen zu zeichnen*[26]. Hitchcock illustrierte nun die Reklameanzeigen der Firma, fertigte in seiner Freizeit aber auch für die Betriebszeitschrift «The Henley» Karikaturen von Kollegen an.

Im vierten Kriegsjahr wurde Hitchcock gemustert, aufgrund seiner Korpulenz jedoch als untauglich eingestuft. Daraufhin meldete er sich freiwillig bei den Royal Engineers, einer Heimatfront-Truppe, die nach Arbeitsschluß militärische Übungen und Schulungen durchführte. Doch immer wenn er Zeit fand, besuchte er Kinovorstellungen. *Ich war ungeheuer theater- und filmbegeistert, und oft ging ich abends allein zu Premieren. [...] Ich ging sehr oft ins Theater, doch zog mich das Kino mehr an. Ich interessierte mich mehr für die amerikanischen Filme als für die englischen. Ich sah Filme von Chaplin, Griffith, all die Paramount-Famous-Players-Filme, Buster Keaton, Douglas Fairbanks, Mary Pickford und auch die Produktionen der deutschen Firma Decla-Bioscop. Das war eine Vorläuferin der UFA, auch Murnau hat für sie gearbeitet.*[27] *Ich erinnere mich an eine Komödie aus Frankreich, «Monsieur Prince». In England hieß der Held «Whiffles». [...] und vor allem an «Intolerance» und «The Birth of a Nation».*[28]

Szene aus Friedrich Wilhelm Murnaus Film «Der letzte Mann», mit Emil Jannings in der Titelrolle

Edgar Allan Poe

Nicht allein des Amüsements wegen begeisterte ihn das Kino, Hitchcock entwickelte schon früh ein fachliches Interesse an allem, was mit der Produktion von Filmen zu tun hatte. *Mit sechzehn fing ich an, Filmzeitschriften zu lesen, nicht die Fan-Magazine, sondern nur die Fachblätter.*[29] *Kurz neben dem Leicester Square, in der Nähe der Leicester Galleries, lag damals eine Buchhandlung, die hatte im oberen Stockwerk auch alle möglichen amerikanischen Fachblätter. Sie hießen «Motion Picture Daily», «Motion Picture Herald», und dann hatten wir das britische «Cinematograph Lantern Weekly», und es gab das «Bioscop».*[30]

Etwa zur selben Zeit beschäftigte er sich wieder intensiv mit Literatur. Es waren immer noch die englischen Detektivgeschichten, die ihn in Bann hielten. Am meisten beeindruckten ihn aber die Bücher eines amerikanischen Autors: *Mit sechzehn entdeckte ich das Werk Edgar Allan Poes. Zufällig las ich zuerst seine Biographie. [...] Wenn ich damals aus dem Büro nach Hause kam, ging ich immer direkt in mein Zimmer, griff zu meiner billigen Ausgabe seiner «Tales of the Grotesque and Arabesque» und fing an zu lesen. Ich erinnere mich noch an das, was ich fühlte, als ich mit «The Murders in the Rue Morgue» fertig war. Ich hatte Angst, aber diese Furcht ließ mich etwas entdecken, was ich nie wieder vergessen habe: Angst ist ein Gefühl, das Leute mögen, wenn sie wissen, daß sie selbst nichts zu fürchten haben. [. . .] Es mag gut sein, daß ich später meine «Suspense»-Filme gedreht habe, weil mich damals die Poe-Geschichten so gefangengenommen haben. Ich möchte nicht unbescheiden erscheinen, aber ich komme einfach nicht daran vorbei, das, was ich in meine Filme legen wollte, mit dem zu vergleichen, was Edgar Allan Poe in seine Geschichten gelegt hat. Also: den Lesern eine total unglaubwürdige Geschichte mit einer solch verhexten Logik zu erzählen, daß man nur den Eindruck bekommen kann, sie könne einem am nächsten Tag selber zustoßen. Von dieser Grundregel bin ich nie abgewichen. [. . .] Und der Surrealismus? Wurde er nicht ebenso aus dem Werk von Poe geboren wie aus dem von Lautréamont? Diese Schule der Literatur hatte mit Sicherheit einen enormen Einfluß auf den Film, besonders um die Jahre 1921 bis 1930, als Buñuel den Surrealismus in «L'Âge d'Or» und im «Andalusischen Hund» auf die Leinwand brachte; oder René Clair mit «Entr'acte» oder Jean Epstein im «Untergang des Hauses Usher» oder Jean Cocteau mit «Blut eines Dichters». Das alles hat mich beeinflußt, wie man an manchen Traum- und Phantasie-Sequenzen in einigen meiner Filme beobachten kann [. . .].[31]*

Seine Lektüreerfahrungen und seine Leidenschaft für das Makabre schlugen sich in einem der wenigen schriftlichen Texte nieder, die Hitchcock hinterlassen hat. Im Juni 1919 erschien in der Betriebszeitschrift von Henley die mit «Hitch» signierte Kurzgeschichte *Gas*:

Nie zuvor war sie in dieser Gegend von Paris gewesen. Sie hatte nur in den Romanen von Duvain davon gelesen oder kannte sie aus dem Grand Guignol. Das also war der Montmartre? Jener Ort des Schreckens, wo im Dunkel der Nacht Gefahren lauerten, wo unschuldige Seelen unversehens zugrunde gingen, wo dem Leichtsinnigen Verhängnis drohte und wo sich die Unterwelt amüsierte?

Im Schatten der hohen Mauer schritt sie vorsichtig voran und blickte sich dabei verstohlen um, ob ihr nicht eine verborgene Gefahr folgte. Mit einem Mal rannte sie in eine Gasse, ohne darauf zu achten, wohin diese führte … und tastete sich durch die pechschwarze Finsternis, gehetzt von dem einen Gedanken, der sich in ihr festgebohrt hatte: dem Verfolger zu entkommen. Bloß weiter, weiter … ach, wann würde das enden?… Licht, das aus einer Tür drang, ließ sie ein wenig sehen… Hinein, nur hinein! Nur irgendwohin! dachte sie.

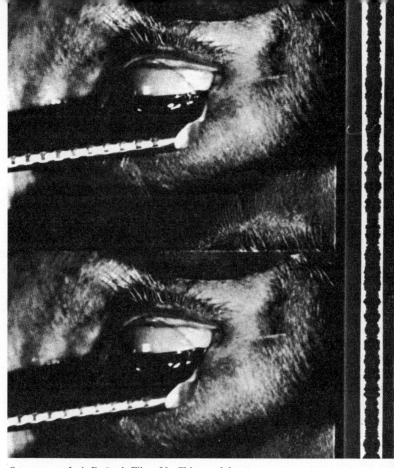

Sequenz aus Luis Buñuels Film «Un Chien andalou»

Die Tür führte zum oberen Ende einer Treppe ... Stufen, die vor Altersschwäche ächzten, als sie zögernd hinabzusteigen begann. Da hörte sie das Lachen von Betrunkenen und schauderte – denn das war ja ... nein, nicht das! Alles, alles, nur das nicht! Sie erreichte den Fuß der Treppe und blickte in eine übelriechende Spelunke voll menschlicher Wracks, Frauen und Männer, die sich einer berauschten Orgie hingaben ... und sie sogleich erblickten, dieses Bild angstbebender Unschuld. Unter den anfeuernden Rufen der Betrunkenen stürzte sich ein halbes Dutzend Männer auf sie, um sie zu packen. Sie schrie vor Angst und Schrecken ... wäre ich doch lieber meinem Verfolger in die Hände gefallen, kam es ihr flüchtig in den

Sinn, als sie brutal durch die Schenke gezerrt wurde. Die Schurken ver-
loren keine Zeit, ihr Schicksal zu besiegeln. Sie würden ihre Habe unter
sich verteilen. . . und sie. . . Warum nur! Doch war das nicht das Herz von
Montmartre? Fort mit ihr – den Ratten zum Fraße! Jetzt wurde sie gefesselt
und in den dunklen Gang hinunter geschleppt; dann eine Treppe hoch,
zum Fluß. Die Wasserratten sollen ihren Spaß haben, sagten sie. Und
dann. . . dann schwenkten sie ihren verschnürten Körper hin und her und
warfen sie mit einem Platsch in die dunklen, wirbelnden Fluten. Sie sank
und sank und sank. Nur ein Gefühl des Erstickens verspürte sie: das war
der Tod. . . Dann. . .

«Es ist vorüber, Madam», sagte der Dentist. «Eine halbe Krone, bitte.»[32]

Das Jahr 1919 brachte einen der entscheidenden Wendepunkte in
Hitchcocks Leben. Aus einem Fachblatt erfuhr er, daß die Hollywoodfirma Famous Players-Lasky (aus der später Paramount Pictures hervor-
ging) in Islington, einem Industrieviertel im Londoner Norden, ein
Studio eröffnen wollte. Als erste Produktion war die Verfilmung des Romans «The Sorrow of Satan» von Marie Corelli vorgesehen. Hitchcock
besorgte sich das Buch, zeichnete und textete Zwischentitel und stellte
sich damit in Islington vor. Zwar wurde aus dem ursprünglich geplanten
Projekt nichts – statt dessen wurde ein anderes Werk verfilmt –, doch
Hitchcock erhielt von Famous Players-Lasky einige Aufträge zum Entwurf von Zwischentiteln, die er neben seiner Arbeit bei Henley erledigte.
Nach einigen Monaten – das Studio hatte inzwischen mit seinen Produktionen Erfolg gehabt – wurde ihm eine feste Stelle angeboten. Mit zwanzig Jahren war er in der Filmindustrie tätig.

Lehrjahre in der Filmbranche

Hitchcock war kaum älter als die Branche selbst. In seinem Geburtsjahr hatte Robert William Paul im Norden Londons das erste Filmtheater Englands eröffnet. Doch anders als in Ländern wie Frankreich, Italien oder Dänemark gelang es in Großbritannien nicht, ein kulturell eigenständiges Filmwesen auf wirtschaftlich stabiler Basis zu etablieren. Das britische Kino war, als Hitchcock seine Karriere in der Filmindustrie begann, weitgehend zum Absatzmarkt amerikanischer Produktionen geworden.

Hitchcock hatte in den Islington-Studios zunächst nichts anderes zu tun, als für die in Stummfilmen reichlich verwendeten Zwischentitel Entwürfe zu zeichnen. Seine Arbeiten waren originell und bewiesen Einfallsreichtum. Recht bald stellte sich heraus, daß der äußerlich unscheinbare und im privaten Umgang zurückhaltende junge Mitarbeiter auch noch andere Fähigkeiten besaß. Ohne viel Aufhebens zu machen, griff er bei der praktischen Arbeit in der Produktion zu, wo gerade Not am Mann war. Er lieferte Vorschläge für Dekorationen, betätigte sich als Requisiteur, beteiligte sich am Verfassen von Drehbüchern und erwies sich auch sonst als Allroundtalent, ohne sich dabei in den Vordergrund zu drängen. Als Neuling im Filmgeschäft wollte und konnte er niemandem den Rang streitig machen, aber im Laufe der Zeit wurde er als «Mädchen für alles» immer unentbehrlicher.

Zwei Jahre lang erlernte Hitchcock von der Pike auf das Handwerk der Filmproduktion durch Anschauung und eigene Praxis. In dieser Zeit wurden in den Studios an der Poole Street Filme von Donald Crisp, dem ehemaligen Regieassistenten von David Wark Griffith, von John S. Robertson und Paul Powell gedreht. Alles in allem entstand in Islington nichts anderes als unbedeutende Unterhaltungsware, doch der mindere künstlerische Anspruch war für den lernbegierigen Hitchcock kein Grund zum Verdruß. Um das Know-how des Filmemachens zu studieren, war damals in England kaum ein Ort besser geeignet als die Studios von Islington. Denn hier arbeitete er bei einer amerikanischen Filmgesellschaft, begegnete er amerikanischen Schauspielern, Regisseuren

Szene aus dem Film «Intolerance» von David Wark Griffith

und Technikern. *Ich bin amerikanisch ausgebildet worden... Das gesamte Personal im Studio waren Amerikaner, sobald man durch die Studiotür kam, herrschte amerikanische Atmosphäre.*[33] *Das hieß keineswegs, daß er von allem Amerikanischen begeistert war. Aber beim Kino fand ich ihre Art, an die Dinge heranzugehen, wirklich professionell, den anderen Ländern weit voraus.*[34]

In den zwanziger Jahren galten die Vereinigten Staaten – neben Deutschland – als das führende Filmland, sowohl was die technische Seite des Filmens betraf als auch in der ästhetischen und künstlerischen Gestaltung. Regisseure wie D.W. Griffith, der mit «The Birth of a

Nation» und «Intolerance» das Genre der «Filmromane» geschaffen hatte, Charles Chaplin mit seinen Gesellschaftssatiren und Cecil Blount De Mille mit den von ihm kreierten Salonkomödien hatten international neue Maßstäbe gesetzt. In den USA war das Filmgeschäft zu einer umsatzstarken Industrie herangewachsen, die auch auf dem europäischen Markt, vor allem in Großbritannien, stark expandierte.

Im Vergleich dazu fristete das britische Kino ein Schattendasein. Es wurden kaum einheimische Filme produziert. Anfang der zwanziger Jahre brachten die britischen Studios insgesamt nicht mehr als etwa zwanzig Filme jährlich heraus, die meist künstlerisch unbedeutend waren und auch keine großen Gewinne einspielten. *Vor 1925 waren die englischen Filme sehr mittelmäßig, ausschließlich für den lokalen Gebrauch bestimmt und inszeniert von ausgesprochenen Spießern.*[35] Wer als englischer Regisseur oder Schauspieler Erfolg hatte, wanderte in der Regel nach Hollywood ab, wo die Honorare erheblich höher und die Arbeitsbedingungen günstiger waren.

Schon lange vor dem Ende des Ersten Weltkrieges hatte die strukturell wenig entwickelte britische Filmindustrie sich dem ausländischen Druck, vor allem durch US-amerikanische Firmen, beugen müssen. In den britischen Lichtspielhäusern liefen überwiegend ausländische Produktionen, und hierbei war der Anteil der aus den USA importierten Filme bis 1915 auf 98 Prozent angewachsen.[36]. Die Pioniere des britischen Films wie Robert William Paul und Cecil Hepworth, James Williamson und George Albert Smith waren zumeist finanziell gescheitert und hatten sich aus der Produktion zurückgezogen. Zudem hatte sich gezeigt, daß die britischen Wegbereiter des Kinos zwar oft ausgezeichnete Techniker waren, bei der künstlerischen Gestaltung aber weit hinter den französischen oder amerikanischen Regisseuren zurückblieben. Auch war versäumt worden, dem Film als autonomer Kunstform Geltung zu verschaffen oder ihn als Medium der kulturellen

Eigenheit eines Landes zu begreifen. «Zur gleichen Zeit, als man in Italien und Frankreich den Film als die jüngere Schwester älterer Musen anerkannte, als er in Amerika selbst zur Kunst wurde, wurde er in England zum armen Verwandten, und zwar zu einem nicht sehr geschätzten»[37], kommentierte der britische Filmhistoriker Rachel Low den Status des Kinos in England Mitte der zwanziger Jahre.

Angesichts dieser Situation war es für Hitchcock, dem *die Überlegenheit der amerikanischen Fotografie [d. h. der Bildgestaltung] gegenüber der englischen völlig klar*[38] war, nur von Vorteil, daß er in einem amerikanischen Team mitwirkte und Regisseure wie George Fitzmaurice kennenlernte, der 1922 in Islington zwei Filme drehte. Fitzmaurice galt als handwerklicher Perfektionist, der nicht nur während der Dreharbeiten jedes Detail überwachte, sondern den Film auch als künstlerische, der Malerei und Bildhauerei verwandte Ausdrucksform verstand. Seine in hohem Maße kontrollierte und konzeptionell ausgerichtete Vorgehensweise scheint Hitchcocks eigenen Arbeitsstil stark beeinflußt zu haben: Die Maxime, sämtliche Zufälligkeiten und auch sonst alles, was nicht den Vorstellungen des Regisseurs entsprach, auszuschließen, übernahm Hitchcock von Fitzmaurice.

Nach einer Phase planlosen Suchens hatte Hitchcock zu seinem Beruf gefunden. Seit er bei Famous Players-Lasky angestellt war, konzentrierte er sein Leben vollständig auf die Filmarbeit und alles, was direkt oder indirekt mit ihr zusammenhing. Andere Interessen traten fast ganz in den Hintergrund. Nach den langen und anstrengenden Stunden im Studio ging er häufig ins Kino und hielt sich über die neuesten Produktionen aus den Vereinigten Staaten und aus Deutschland auf dem laufenden. Noch öfter aber besuchte er Theateraufführungen. Angeblich versäumte er keine der wichtigen Inszenierungen, die in London auf dem Spielplan standen[39], so zum Beispiel John Galsworthys «The Skin Game» und Joseph Conrads «The Secret Agent». Damals konnte er noch nicht wissen, daß diese beiden Stücke nur wenige Jahre später Vorlagen für Filme liefern würden, bei denen er Regie führte. Auch manche seiner zukünftigen Darsteller – von Ivor Novello über Leo G. Carroll bis zu Tallulah Bankhead – erlebte er zum erstenmal bei einem seiner zahlreichen Theaterbesuche.

Den Verantwortlichen in Islington waren Hitchcocks Eifer und Vielseitigkeit nicht unbemerkt geblieben. Ein Zufall verhalf ihm zu der Chance, auf die er wohl immer gehofft, um die er aber niemals gebeten hatte: Anfang 1922 arbeitete der Schauspieler, Produzent und Drehbuchautor Seymour Hicks an dem Film *Always Tell Your Wife*, überwarf sich aber bald schon mit Hugh Croise, der Regie führte. *Eines Tages bekam er Streit mit dem Regisseur und sagte zu mir: Weshalb drehen Sie und ich den*

George Fitzmaurice (rechts), hier mit dem Musiker Jan Rubini

Film nicht allein zu Ende? Ich habe ihm geholfen, und wir haben den Film fertiggestellt.[40]

Nicht lange nach seinem Debüt als Koregisseur erhielt Hitchcock zum zweitenmal Gelegenheit, sein Können unter Beweis zu stellen. Für einen Film, dessen Titel noch nicht endgültig feststand (einmal entschied man sich für *Number Thirteen,* dann wieder für *Miss Peabody),* ernannte ihn der Produktionschef kurzerhand zum Regisseur. Das Drehbuch zu diesem Streifen stammte von Anita Ross, die zuvor für Chaplin gearbeitet hatte; die Firma hoffte, mit diesem Film endlich den finanziellen Durchbruch zu schaffen. Doch die wirtschaftliche Misere, in der das Studio steckte, ließ das Projekt scheitern. Aus Geldmangel wurden die Dreharbeiten abgebrochen, der Film blieb unvollendet liegen. Und Hitchcocks kaum begonnene Karriere schien jäh beendet zu sein. Das amerikanische Unternehmen Famous Players-Lasky war bankrott; es hatte insgesamt elf Filme herausgebracht, wovon die meisten in kommerzieller Hinsicht gescheitert und von der Kritik verrissen worden waren. Angesichts ihrer glücklosen Situation in England zog sich die Firma wieder nach Hollywood zurück. Die Ateliers in Islington wurden daraufhin an unabhängige Produzenten vermietet.

Zu diesem unabhängigen Filmemachern gehörten Michael Balcon, Victor Saville und John Freedman, die gemeinsam eine nicht sehr kapitalkräftige Gesellschaft gegründet hatten. Balcon, der in späteren Jahren zu einem der wichtigsten Männer der britischen Filmindustrie wurde, ernannte gleich bei seinem ersten Film in den Islington-Studios Hitchcock zum Regieassistenten. Der Streifen mit dem Titel *Woman to Woman*, zu dem Hitchcock auch

Michael Balcon

das Drehbuch schrieb und die Dekorationen entwarf, erzielte beachtliche Einspielergebnisse. Auch an den folgenden Produktionen der Gruppe Balcon-Saville-Freedman (von 1924 an führte Balcon die Firma unter dem Namen Gainsborough Pictures und kaufte der Paramount das Studio in Islington ab) war Hitchcock in vielerlei Funktionen beteiligt. Bei den zwischen 1923 und 1925 entstandenen Filmen *The White Shadow, The Prude's Fall, The Passionate Adventure* und *The Blackguard* wirkte er als Art Director, Cutter, Regieassistent und Drehbuchautor mit. Auch bei der Suche nach geeigneten Drehorten für *The Prude's Fall* in Frankreich, der Schweiz und Italien erwies sich Hitchcock als einfallsreich. Er war, wie Balcon erkannte, so talentiert wie ehrgeizig.

Hatte Hitchcock bei Famous Players-Lasky praktische Erfahrungen mit der Technik und Ästhetik des amerikanischen Kinos sammeln können, so verschaffte ihm Balcon nun Zugang zum deutschen Film. In Koproduktion mit Erich Pommer sollte 1924 in den UFA-Studios in Babelsberg *The Blackguard* gedreht werden. Zu diesem Zweck schickte Balcon seinen Assistenten Hitchcock nach Berlin. Die UFA-Studios waren damals die größten und modernsten in Europa. Auch künstlerisch galt der

Film der Weimarer Republik – insbesondere die von Expressionismus und Romantik inspirierte Richtung – als weltweit unübertroffen. Die UFA-Produktionen zeichneten sich durch ihre ausdrucksstarke visuelle Form und durch ihr beispielloses Zusammenwirken von Dekoration, Licht und Kameraführung aus, was den Bildern große Eindringlichkeit verlieh. Das Bewußtsein, den Film als Kunstwerk zu verstehen, beherrschte kaum anderswo die Filmproduktion so stark wie in den Babelsberger Studios.

Hitchcocks Aufenthalt in Deutschland trug wesentlich zur Entwicklung seines eigenen ästhetischen Konzepts bei, denn hier konnte er beobachten, welche Vielfalt an kreativen Möglichkeiten die konsequente Anwendung der technischen und visuellen Mittel bot, die dem Medium Film eigentümlich sind. *Ernst Lubitsch inszenierte Filme mit Pola Negri. Fritz Lang drehte Filme wie «Metropolis», und F. W. Murnau arbeitete an seinen Klassikern. Das Studio, in dem ich arbeitete, war riesig, größer als heutzutage etwa die Universal-Studios. Im Freigelände hatte man einen kompletten Bahnhof errichtet. Für «Siegfried» hatte man den Wald des Nibelungenliedes nachgebaut [...]. Deutschland stürzte damals ins Chaos, aber die Filme gediehen. Die Deutschen legten damals größeren Wert darauf, ihre Geschichten über die Bilder zu erzählen. Man vermied Zwischentitel, wo es nur möglich war. «Der letzte Mann» war beinahe der perfekte Film. Er erzählte seine Geschichte ohne Titel; von Anfang bis Ende vertraute er ganz auf seine Bilder. Das hatte damals einen ungeheuren Einfluß auf meine Arbeit.*[41]

Seit seinem Besuch in Berlin beschäftigte sich Hitchcock intensiv mit der Frage des «film pure», des «reinen Films», dessen Ausdruckskraft allein auf der Ästhetik des bewegten Bildes beruht. Auch sonst hinterließen die deutschen Vorbilder dauerhafte Spuren in Hitchcocks Werk. So erinnern zum Beispiel der Bildausschnitt, das Licht und die Beschränkung des Dekors auf wenige akzentuierte Linien in seinem 1930 gedrehten Film *Murder! (Mord – Sir John greift ein)* unweigerlich an Murnau, wie Claude Chabrol und Eric Rohmer betonten.[42]

Nicht nur künstlerisch, auch für sein Privatleben bewirkte diese Auslandsreise einen entscheidenden Einschnitt. Bei der Arbeit an dem Streifen *Woman to Woman* hatte Hitchcock die gleichaltrige Cutterin Alma Reville kennengelernt; sie stammte aus Nottingham und war, nur einen Tag nach Hitchcock, am 14. August 1899 geboren. Während der Aufnahmen zu *The Blackguard,* die im Juli 1924 in Babelsberg stattfanden, begegneten die beiden sich wieder, und auf der Rückreise von Berlin – sie befanden sich gerade auf dem Nachtschiff von Kiel nach London – machte Hitchcock der völlig ahnungslosen Alma einen Heiratsantrag. Der rauhe Seegang habe, erzählte Hitchcock später, Almas Widerstandskraft so geschwächt, daß ihr nichts anderes übriggeblieben sei, als einzu-willigen.[43]

Im Ausland wurden auch die beiden Filme gedreht, bei denen Hitch-cock zum erstenmal eigenständig und allein Regie führte. Sein Debüt als selbständiger Regisseur stand jedoch unter einem ungünstigen Stern. Der Hausregisseur von Balcon, Graham Cutts, als dessen Assistent Hitchcock bisher fungiert hatte und der als einer der führenden briti-schen Regisseure galt, beobachtete mit Argwohn, wie neben ihm ein neues Talent heranwuchs und zu einer ernsten Konkurrenz zu werden drohte. So überlegte er nicht lange und entließ den potentiellen Rivalen, was Balcon aber nicht daran hinderte, Hitchcock mit der Regie für den nächsten Film von Gainsborough Pictures zu beauftragen, der aus finan-ziellen Erwägungen in Koproduktion mit der Münchner Firma Emelka entstand.

Mit *The Pleasure Garden (Irrgarten der Leidenschaft)* – einer Adaption des gleichnamigen Romans von Oliver Sandys – zielten Balcon und die Emelka auf den internationalen, vor allem auf den amerikanischen Markt, daher wurden die beiden weiblichen Hauptrollen mit amerika-nischen Schauspielerinnen besetzt. Die Dreharbeiten sollten an Schau-plätzen in Südeuropa und in den Studios Geiselgasteig bei München statt-finden. Trotz der Erfahrungen, die er bei zwei Produktionen im Ausland gesammelt hatte, wurde Hitchcock unversehens mit zahlreichen Widrig-keiten, Pannen und bösen Überraschungen konfrontiert, die das gesamte Projekt beinahe scheitern ließen. Hitchcock hat die dramatischen Erleb-nisse, die ihm bei den Dreharbeiten zu *The Pleasure Garden* widerfuhren, im Interview mit François Truffaut ausführlich geschildert.[44] Daß ihn der Zoll beim Schmuggel von Filmmaterial ertappte und ihm in Genua, einem der Schauplätze für die Außenaufnahmen, aus dem Hotelzimmer seine Barschaft gestohlen wurde, gehörte noch zu den eher harmlosen Schwie-rigkeiten, die er dank seines Organisationstalents schnell beheben konn-te. Was die professionelle Seite seines Lebens anging, erwies sich der sechsundzwanzigjährige Hitchcock als äußerst geschickt und findig.

Um so erstaunlicher war deshalb, daß es dem jungen Mann an grundle-genden Kenntnissen der menschlichen Biologie mangelte. Als eine der Darstellerinnen sich weigerte, wie im Drehbuch vorgesehen ins Meer zu waten, weil ihre Periode eingesetzt hatte, mußte Hitchcock sich erst vom Kameramann erläutern lassen, was es mit dem weiblichen Zyklus auf sich habe. *Ich hatte noch nie von Menstruation gehört,* bekannte Hitch-cock später, ohne zu erwähnen, daß er damals kurz vor seiner Eheschlie-ßung stand. *Ich war von den Jesuiten erzogen worden, und solche Themen gehörten nicht zum Lehrplan.*[45]

Der Film selbst, *melodramatisch, aber mit ein paar interessanten Sze-*

Alfred Hitchcock, 1924

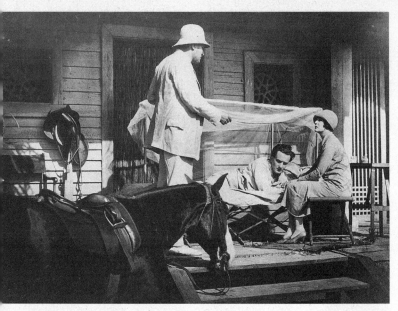

Szene aus «The Pleasure Garden», Hitchcocks erstem Film

nen[46], erzählt die Geschichte zweier Revuetänzerinnen, die in einem Varieté namens «The Pleasure Garden» auftreten. Dem Standard der Zeit entsprechend, wurde es ein mit theatralischem Gestus überladener und bis zur unfreiwilligen Komik moralisierender Streifen. Die Befürchtungen von Balcon, der Film könnte – da in München hergestellt – zu sehr wie eine deutsche Produktion wirken, erfüllten sich nicht. Vielmehr zeigte sich die Fachpresse begeistert. In der Zeitschrift «Bioscope» war zu lesen: «Eine kraftvolle und interessante Geschichte, in gekonnter Weise auf die Leinwand übertragen, bewundernswerte schauspielerische Leistungen und eine hervorragende technische Ausführung – all dies ergab insgesamt einen Film von exzellenter Qualität. [...] Die erste Regiearbeit von Alfred Hitchcock gibt Anlaß zu hohen Erwartungen an die zukünftigen Projekte dieses Regisseurs.»[47] Und Cedric Belfrage ernannte in «Picturegoer» den Jungregisseur zu «Alfred dem Großen», der als «der Welt jüngster Filmregisseur [...] umfassendes Können in all den verschiedenen Bereichen der Filmtechnik» demonstriert habe.[48] Das euphorische Lob der Kritiker verdankte Hitchcock vor allem seinem souveränen Umgang mit der Lichtführung und dem Schnitt, der dem Film ein amerikanisches Flair verlieh, wie Produzent Balcon als einer der ersten anmerkte. *Nach der Vorführung sagte Michael Balcon zu mir: «Das Eigenartige an dem Film ist, daß er technisch gar nicht wie ein europäischer Film aussieht, sondern eher wie ein amerikanischer.»*[49]

Die britische Filmbranche, ansonsten arm an eigenen Talenten, hoffte, mit Regisseuren wie Cutts und Hitchcock wieder Anschluß an die internationalen Maßstäbe zu gewinnen. Hitchcock hatte mit seinem Erstlingswerk nicht nur bewiesen, daß er bei Famous Players-Lasky gelernt hatte, was die Amerikaner unter filmischem Erzählen verstanden und dies für sich umsetzen konnte. Er hatte auch gezeigt, wie geschickt und gezielt er mit der Erwartungshaltung des Publikums zu spielen verstand. In einer Szene etwa ist die Kamera Zeuge, wie sich die beiden Hauptdarstellerinnen auf das Zubettgehen vorbereiten. Auf diese Weise entsteht eine voyeuristische Situation mit raffiniert gesetzten erotischen Akzenten. Doch im entscheidenden Moment, bevor sich die beiden Frauen endgültig auskleiden, treten sie links beziehungsweise rechts aus dem Bildausschnitt und sind erst wieder zu sehen, wenn sie schon ihr Nachtgewand tragen.

Auch Hitchcocks zweiter Film, *The Mountain Eagle* (*Der Bergadler;* in den USA trug er den Titel *Fear o'God*), wurde in den Emelka-Studios gedreht; die Außenaufnahmen fanden in Tirol statt. Rückblickend urteil-

Hitchcock inszeniert «The Mountain Eagle», 1926.
Rechts hinter ihm Alma Reville, seine spätere Frau

te Hitchcock, es sei *ein schlechter Film gewesen. Die Produzenten wollten immer noch auf dem amerikanischen Markt landen. So suchten sie mir einen neuen Star und sandten mir für die Rolle der Dorfschullehrerin Nita Naldi [...] mit solchen Fingernägeln. Absolut lächerlich.*[50]

Hitchcock war nicht unglücklich, als die Produktionsfirma beschloß, diese Seifenoper mit dem fehlbesetzten Star in der weiblichen Hauptrolle und den unglaubwürdigen Schauplätzen – als Ersatz für die Bergwelt Kentuckys mußten die Ötztaler Alpen bei Obergurgl herhalten – zunächst ins Archiv zu verbannen und die Premiere auf später zu verschieben; *The Mountain Eagle* kam erst ein Jahr nach Produktionsende in die Kinos. So hanebüchen die Story des Films auch war – es handelt sich um ein banales Eifersuchtsdrama, das den voraussehbaren glücklichen Ausgang nimmt –, die Kritik hinderte dies nicht daran, Hitchcocks Anteil an dem Machwerk als «brillante Regiearbeit»[51] zu feiern.

Sein nächster Film sollte wieder auf vertrautem heimischem Boden, in den Studios von Islington, gedreht werden.

Der gefeierte Jungregisseur

Hitchcock hatte Balcon auf den Roman «The Lodger» von Marie Belloc Lowndes aufmerksam gemacht. *Die Geschichte spielte in einer Fremdenpension. Die Inhaberin fragte sich, ob ihr neuer Mieter nicht vielleicht der gesuchte Mörder ist, genannt der «Rächer», eine Art Jack-the-Ripper*[52], der es ausschließlich auf blonde Frauen abgesehen hat. Aus dieser der Tradition der viktorianischen Schauerliteratur verpflichteten Vorlage entstand der *erste echte Hitchcock-Film*[53]. In *The Lodger* versuchte er zum erstenmal, *meinen eigenen Stil* anzuwenden, *Ideen in einer rein visuellen Form darzustellen* und somit das zu realisieren, *was ich in Deutschland gelernt hatte*[54]. Doch es waren nicht allein die filmästhetische Gestaltung und die eigenwillige Bildsprache, die *The Lodger* zum Prototyp des Hitchcock-Films werden ließen und ihn zugleich vom Mittelmaß des britischen Films abhoben. In diesem Streifen ist überdies eine Vielzahl von Themen, Motiven und dramaturgischen Konstellationen angelegt, die sich durch das gesamte Werk von Hitchcock ziehen, auf die er häufig zurückgriff und die er immer wieder neu gestaltete.

Modellhaft ist bereits die Grundsituation von *The Lodger,* nämlich der plötzliche Einbruch des Bösen, der Gewalt und des Verbrechens in das wohlgeordnete Leben harmloser Menschen. Die Kriminalgeschichte an sich, das heißt die Verfolgung und Entlarvung des Täters, strukturiert zwar die Handlung, bildet aber nicht den Kern des Geschehens. Im dramaturgischen Zentrum steht vielmehr das Verhalten der kleinbürgerlich-überschaubaren Welt angesichts der Bedrohung. Folgerichtig bestimmt zumeist die Perspektive des unbescholtenen Durchschnittsmenschen, mit dem das Kinopublikum sich identifizieren kann, den Blickwinkel der Kamera: *Ich habe das ganz einfach gemacht, ausschließlich aus der Sicht der Pensionsinhaberin*[55] – ein schlichter, aber hochwirksamer Kunstgriff. Denn der Argwohn, den die Wirtin gegenüber ihrem Mieter hegt und der sich schließlich bis zu dem Verdacht steigert, der Fremde sei der gesuchte Mörder, überträgt sich auf den Zuschauer und bestimmt dessen Wahrnehmung und emotionale Reaktion.

Dadurch entsteht ein subtiles Spiel kinematographischer Suggestion.

In affektiv eindringlichen Sequenzen wird dem Publikum nahegelegt, daß der neue Gast im Haus Schlimmes zu verbergen habe. Schon sein erster Auftritt ist mit Vorzeichen des Unheils versehen: Aus dem Nebelmeer wie aus dem Nichts kommend – und vermummt mit einem Schal – taucht er auf und klopft just in dem Augenblick an den Eingang der Pension, als drinnen das Licht zu flackern beginnt. Kaum hat er die Tür zu seinem Zimmer hinter sich geschlossen, dreht er die dort hängenden Bilder, auf denen allesamt blondgelockte Damen zu sehen sind, mit der Vorderseite zur Wand: Den Anblick von Mädchen, die ihrem Aussehen nach an die Mordopfer erinnern, erträgt er offenbar nicht. Der Zuschauer erfährt auch, daß der geheimnisvolle Fremde bestens mit den Untaten des «Rächers», wie sich der Frauenmörder selbst tituliert, vertraut ist, außerdem eine Waffe bei sich führt und eine Karte besitzt, auf der die bisherigen Tatorte fein säuberlich verzeichnet sind. Seine Unruhe, die ihn nervös auf und ab wandern und nachts aus dem Haus schleichen läßt, verstärkt noch das Mißtrauen gegen ihn. Was liegt näher, als in ihm den gesuchten Verbrecher zu vermuten?

Erst gegen Ende des Films wird die wahre Identität des Mieters preisgegeben: In Wirklichkeit ist er der Bruder des ersten Mordopfers und selbst auf der Jagd nach dem Unhold, der seine Schwester getötet hat. Die Indizien, deretwegen er in Verdacht geriet und schließlich fast der Lynchjustiz zum Opfer gefallen wäre, haben also getrogen und die Realität in ihr Gegenteil verkehrt. Anders gesagt: Das Sichtbare, die Bilder haben zu tragisch falschen Schlüssen verleitet. Diese Fehlurteile wären vielleicht vermeidbar gewesen, wenn die Menschen sich nicht von ihren Eigeninteressen hätten blenden lassen. So will zum Beispiel der Polizeibeamte, der mit der Tochter des Hauses liiert ist, in dem mysteriösen Fremden den Mörder sehen, weil dieser sich als überlegener Nebenbuhler entpuppt, der ihn im Werben um die Gunst des Mädchens auszustechen droht.

Der Produzent bestand auf einem konventionellen Happy-End. Deshalb schließt *The Lodger* mit der Festnahme des gesuchten Verbrechers und mit einem glücklich vereinten Liebespaar – die kurzzeitig aus den Fugen geratene Welt hat ihre Ordnung wiedergefunden. Doch unter der geglätteten Oberfläche läßt Hitchcock zukünftiges Unheil durchschimmern. Denn der Mieter ist zwar unschuldig und nicht der gesuchte «Rächer», doch auch sein Ziel war es gewesen, für den Tod seiner Schwester Vergeltung zu üben und somit einen Mord zu begehen. Zwischen ihm und dem wahren Täter besteht nur ein kleiner Unterschied, der sich allein auf Zufall gründet und sich nur nach gesetzlichen, nicht aber moralischen Kategorien bemißt. Mithin beruht die Ordnung der bürgerlichen Verhältnisse, die sich am Ausgang des Films rekonstituiert, auf fragwürdigen Voraussetzungen und ist keineswegs so stabil, wie es den Anschein hat. Unübersehbar verweist Hitchcock auf diese Brüchigkeit in der Schlußszene, wenn sich das Liebespaar küssend in den Armen liegt. Hinter den beiden leuchtet in der Ferne der Schriftzug «To-Night Golden Curls» auf, dieselbe menetekelartige Botschaft, die in der Eröffnungssequenz die tödliche Gefahr ankündigte, in der blondhaarige Frauen schweben – im zynischen Sinne das Motto des Mörders. Die Bedrohung lauert also nach wie vor im Hintergrund, denn auch die frischverlobte Heldin trägt blonde Locken.

Viel lieber wäre Hitchcock ein offenes Ende gewesen; er hätte gern das Publikum im Ungewissen darüber gelassen, ob der Mieter nun der Mörder ist oder nicht. Gegen einen solchen Schluß verwahrte sich jedoch der Produzent, weil dies dem Image des Hauptdarstellers Ivor Novello entgegenstand. Novello, der sich als Theater- und Filmschauspieler, aber auch als Autor und Komponist einen Namen gemacht hatte, galt zu dieser Zeit als einer der größten Stars des britischen Stummfilmkinos. Jede nicht eindeutig positive Rollenzuschreibung, so wurde befürchtet, hätte seiner Popularität schaden können. Als Neuling im Metier mußte sich Hitchcock der opportunistischen Sicht seiner Auftraggeber beugen.

Sicherlich trug die Beliebtheit Novellos und der weiblichen Hauptdarstellerin June Tripp wesentlich zum Kassenerfolg des Films bei. Doch die Qualität von *The Lodger* liegt vor allem in der filmischen Form, der tech-

Ivor Novello und June Tripp in «The Lodger», 1927

nischen und optisch-ästhetischen Finesse, mit der Hitchcock die Geschichte präsentiert. In zahlreichen Groß- und Nahaufnahmen wird das Geschehen an den Zuschauer herangerückt, physische und emotionale Distanz aufgehoben. Intensive Licht- und Schatteneffekte, wie man sie vor allem aus dem deutschen expressionistischen Film kannte, vermitteln ein Gefühl der Bedrohlichkeit und wecken die Erwartung eines Unheils. Auch eine surrealistisch anmutende Szene im Stil René Clairs ist Hitchcock gelungen: Über den Köpfen der Wirtsleute erkennt man die Beine des Mieters, der in seinem Zimmer ruhelos auf und ab wandert – die nur hörbaren Schritte sind sichtbar geworden. *Da wir damals ja noch keinen Ton hatten, habe ich einen Boden aus sehr dickem Glas machen lassen, durch das hindurch man den Mieter sehen konnte.*[56]

Für Erstaunen bei Produzent und Kritik sorgte die geringe Zahl von nur etwa 80 Zwischentiteln, während seinerzeit für einen Film dieser Länge um die 200 üblich waren. Anstelle der für das Verständnis notwendigen, aber relativ plumpen und umständlichen Erläuterungen und Dialoge auf Schrifttafeln verwendete Hitchcock wann immer möglich filmische Elemente, die sich organisch in die Handlung einfügen: Über einen Fernschreiberausdruck in einer Zeitungsredaktion erfährt der Zuschauer von den Taten des Mörders, und das in einer Szene auftauchende Schild «Room to let» («Zimmer zu vermieten») weist darauf hin, daß das nun folgende Geschehen in einer Pension stattfindet.

Die extreme Reduzierung der Zwischentitel war aber nicht ausschließlich Hitchcocks Verdienst. Wesentlichen Anteil daran hatte Ivor Montagu, der nach Schluß der Dreharbeiten engagiert wurde, um den Film umzuschneiden und verschiedene Änderungen – Nachaufnahmen und das graphische Design der Zwischentitel – einzufügen. Diese Umarbeitung war notwendig geworden, weil die Vertriebsfirma sich geweigert hatte, den Film in der vorliegenden Form in die Kinos zu geben. Der Cambridge-Schüler Montagu, der Film als Kunstform verstanden wissen wollte, erhielt für seine Verbesserungsvorschläge die Zustimmung von Produzent und Verleih, und so gelangte *The Lodger* am 14. Februar 1927 zur öffentlichen Premiere.

Schon nach der Voraufführung vor ausgewähltem Publikum im September 1926 fand die Fachpresse nur höchst lobende Worte und sprach sogar davon, «daß dies der beste britische Film ist, der je entstand»[57]. Die Kritikerhymnen und der spätere Kassenerfolg bestätigten die Erwartungen, die Produzent Balcon in seinen jungen Mitarbeiter gesetzt hatte. Auch Hitchcock selbst nahm dies als Beweis für sein Können.

Deutliches Zeichen für sein neues Selbstbewußtsein war, daß er nun, da er sich einen Namen gemacht hatte und mit gesicherten finanziellen Verhältnissen rechnen konnte, das Heiratsaufgebot bestellte. Nachdem

Das Hochzeitspaar: Alfred Hitchcock und Alma Reville, 1926

seine zukünftige Frau im Anschluß an eine mehrwöchige religiöse Unterweisung zum römisch-katholischen Glauben konvertiert war, heirateten Alma Reville und Alfred Hitchcock am 2. Dezember 1926 in der Brompton Church in Knightsbridge. Anschließend bezog das frischgebackene Ehepaar eine neue Wohnung in der Cromwell Road 153 und begab sich via Paris in die Flitterwochen nach St. Moritz.

Im Januar 1927 hatte *The Pleasure Garden* Premiere, im Februar folgte *The Lodger*, und im Mai kam schließlich *The Mountain Eagle* in die Kinos. Die überschwengliche Kritiker-Resonanz auf diese drei Werke machte Hitchcock mit einem Schlag zu einem begehrten Mann in der Branche. Für das Dreifache seines bisherigen Gehalts ließ er sich von der Konkurrenzfirma British International Picture (BIP) anwerben. Mit einem Salär von nunmehr 13 000 Pfund pro Jahr war er der höchstbezahlte Regisseur des Landes.[58] Doch bevor er seine neue Stelle antreten konnte, hatte er für Gainsborough Pictures laut Vertrag noch zwei Filme zu realisieren, für die ihm wieder Ivor Montagu als Cutter zur Seite gestellt wurde. Verständlicherweise wollte die Firma Gainsborough noch möglichst großen Gewinn aus dem Namen ihres gefeierten Jungregisseurs schlagen.

Die erste dieser beiden Arbeiten war *Downhill,* nach einem melodramatischen Schauspiel des Multitalents Ivor Novello, das er gemeinsam mit Constance Collier verfaßt hatte. Es erzählt von einem Collegeschüler, der fälschlicherweise des Diebstahls verdächtigt und deshalb von seinem Vater verstoßen wird. Mittellos und aufgrund seiner Gutherzigkeit und Ehrlichkeit stets aufs neue betrogen, schlittert er immer tiefer auf seinem «Weg nach unten», bis sich zu guter Letzt doch noch seine Unschuld erweist und er als verlorener Sohn wieder in den Kreis der Familie aufgenommen wird.

Ivor Novello beschloß, selbst den Part des Schülers Roddy Berwick zu übernehmen. Der Fünfunddreißigjährige war aber entschieden zu alt für diese Rolle und wirkte daher unglaubwürdig. Das war jedoch nicht das einzige Handicap, dem *ziemlich mittelmäßigen Stück*[59] mangelte es in der Stummfilm-Version an einem entscheidenden Punkt, den Dialogen. Hitchcock versuchte, die fehlende sprachliche Spannung mit optischen Mitteln wettzumachen. So wird beispielsweise der Weg des jugendlichen Helden ins Elend, in die Einsamkeit und Erniedrigung durch Rolltreppen, die nach unten führen, oder durch die geographische Richtung seiner Reise von Nord nach Süd überdeutlich symbolisiert. Immerhin gab der Stoff dem Regisseur Raum für filmtechnische Experimente, etwa in einer Szene, in der der Junge im Fieber halluziniert und die Kamera seinen Blick übernimmt. Auch arbeitete Hitchcock hier erstmals mit Traumsequenzen, die er auf neuartige Weise in das Geschehen einfügte. Anders als sonst in Filmen seiner Zeit üblich, verwendete er hierfür keine Überblendungen und ließ dem Bild seine scharfen Konturen, so daß der *Traum auf ganz handfeste Weise in die Wirklichkeit*[60] integriert zu sein schien.

Nach *Downhill,* der trotz dramaturgischer Schwächen einen ansehnlichen Gewinn einspielte, stand als letzte Arbeit für Gainsborough die Verfilmung eines erfolgreichen Gesellschaftsdramas von Noël Coward mit dem Titel «Easy Virtue» auf dem Programm. Es handelt – thematisch mit *Downhill* verwandt – von einer Dame der höheren Gesellschaft, die wegen ihrer tragischen Vergangenheit aus ihren sozialen Kreisen verbannt wird. Der von Hitchcock lustlos inszenierte Film *Easy Virtue* wurde zu einer finanziellen Pleite.

Als Hitchcock 1927 zu seiner neuen Firma BIP wechselte, für die er insgesamt zehn Filme drehen sollte, stand die internationale Filmindustrie mit der Einführung des Tonfilms vor einem Umbruch und die britische Filmbranche vor dem wirtschaftlichen Ruin. Es wurden kaum noch einheimische Filme produziert, immer mehr Studios auf der Insel mußten Konkurs anmelden. Um die nationale Filmindustrie vor dem völligen Zusammenbruch zu bewahren, erließ die britische Regierung ein Gesetz, das nach italienischem und deutschem Vorbild den Verleihern und den Betreibern von Filmtheatern vorschrieb, in ihrem Programm einen be-

Schon in «The Lodger» trat Hitchcock selbst als Komparse auf: hier am
Schreibtisch sitzend, mit dem Rücken zur Kamera

stimmten Anteil an inländischen Produktionen zu zeigen. Durch diese
Quotenregelung und andere Förderungsmaßnahmen gelang es zwar in
den folgenden Jahren, der britischen Filmindustrie einen gesicherten
Absatzmarkt zu verschaffen, die Maßnahme hatte aber auch zur Folge,
daß immer mehr amerikanische Firmen Dependancen in England eröffneten, um so die gesetzlichen Bestimmungen zu unterlaufen, da jeder in
England hergestellte Film als britische Produktion galt. Schlimmer waren jedoch die hierdurch entstehenden qualitativen Einbußen. Denn um
die vorgesehene Quote überhaupt erfüllen zu können, wurden zahllose
billige und schlecht gemachte Streifen, sogenannte Quota Quickies produziert[61], was dem Ruf des britischen Films zusätzlich schadete.

Die British International Pictures, gegründet von dem schottischen
Rechtsanwalt und Unternehmer John Maxwell, war eine Antwort auf die
Krise, in der das britische Kino steckte. Maxwell setzte nämlich vor allem
darauf, sich durch qualitativ hochwertige Produktionen von der Masse
der inländischen Arbeiten abzugrenzen und auf diese Weise kommerziellen Erfolg zu erzielen. Ein talentierter Nachwuchsregisseur wie

Hitchcock, von dem es nach nur drei Filmen hieß, er zähle zu den Meistern seines Fachs, erschien ihm daher als der geeignete Mann, seinen hochgesteckten Ansprüchen gerecht zu werden. Aus diesem Grund gewährte Maxwell seinem neuen Mitarbeiter zunächst freie Hand. Hitchcock nutzte die Chance und schrieb unter Mithilfe von Eliot Stannard sein erstes Originaldrehbuch, das nicht auf einer literarischen Vorlage basierte. Im Sommer 1927 begannen die Dreharbeiten zu dem Film *The Ring (Der Weltmeister)*, der im Boxermilieu spielt. Der Titel des Films ist doppeldeutig, denn er bezieht sich sowohl auf den Boxring als auch auf den Ehering. Es entbehrt nicht einer gewissen Ironie, daß die erste Arbeit Hitchcocks als neuvermählter Ehemann, bei der er weitgehend die Vorlage selbst konzipierte, ausgerechnet ein Streifen war, der von Untreue und Ehebruch handelt.

Wie *The Lodger* und auch einige später entstandene Hitchcock-Filme erzählt *The Ring* von einem Dreiecksverhältnis, von einer Frau, die zwischen zwei Männern steht. Anders aber als in *The Lodger* ist ihr Handeln eindeutig moralisch verwerflich, weil sie den einen heiratet, ohne vom anderen lassen zu wollen. Wenngleich sie damit gegen die herrschende Moral verstößt, ist am Ende nicht zu entscheiden, ob sie an dem Konflikt zerbricht.

Ein weiteres zentrales, bereits in *The Lodger* anklingendes Motiv ist das des Fremden, der plötzlich auftaucht und durch sein Erscheinen die Sicherheit gefährdet, in der der Held bislang lebte. Vielleicht ist es diese archetypische Grundkonstellation, die Hitchcock zu dem Urteil veranlaßte, dies sei *ein wirklich interessanter Film. Ich würde sagen, daß «The Ring» nach «The Lodger» der zweite Hitchcock-Film war.*[62]

Dank des Freiraums, den ihm der Produzent zugestanden hatte, konnte Hitchcock auch seine Experimentierlust befriedigen und die Möglichkeiten des visuellen Erzählens weiter erproben. *«The Ring» […] war voller Neuerungen, und ich kann mich erinnern, wie es bei einer ziemlich schwierigen Montage während der Premiere Beifall gab. Das passierte mir damals zum erstenmal. Es gab eine ganze Menge Dinge, die man heute nicht mehr machen würde. Zum Beispiel ein kleines Fest am Abend nach einer Boxveranstaltung. Champagner wird in die Gläser gegossen, man sieht ihn deutlich sprudeln, jedes einzelne Bläschen. Ein Toast wird ausgebracht auf die Heldin, da merkt man, daß sie überhaupt nicht da ist, sie ist mit einem anderen Mann weggegangen. Danach sprudelt der Champagner nicht mehr.*[63]

Neben solchen *kleinen visuellen Ideen, die manchmal so subtil waren, daß die Leute sie gar nicht bemerkten*[64], führte Hitchcock in *The Ring* verschiedene Verfahren ein, die *danach in allgemeinen Gebrauch übergingen. Zum Beispiel, um den Aufstieg des Boxers zu illustrieren, zeigte ich*

Ankündigung von «The Ring» in Deutschland, 1928

zuerst ein großes Plakat auf der Straße, sein Name steht unten auf dem Plakat. Dann merkt man, es ist Sommer, sein Name wird größer und rutscht auf dem Plakat nach oben. Dann ist es Herbst, und so weiter.[65]

Die Fachpresse erkannte durchaus die Qualitäten des Werks und sparte nicht mit Lob («der großartigste Film, der je in diesem Land gedreht wurde» – «ein Triumph für die britische Filmindustrie» – «Mr. Hitchcock hat für den britischen Film mehr getan, als ein Dutzend Gesetze bewirkt haben»)[66], doch ein Kassenschlager wurde *The Ring* nicht.

Die nächsten beiden Filme, zwei Komödien von schlichtem Gehalt, waren reine Auftragsarbeiten, die Hitchcock zügig und ohne großes Engagement erledigte. Das erste dieser beiden Lustspiele, *The Farmer's Wife*, entstand nach dem gleichnamigen Bühnenstück von Eden Phillpotts, das im Londoner West End eintausendvierhundertmal aufgeführt worden war – eine gute Voraussetzung für eine erfolgreiche Filmadaption, wie der Chef der BIP meinte.

Der Film hat Längen, weil man als Zuschauer aufgrund der simpel konstruierten Geschichte schon sehr bald die Pointe ahnt: Ein verwitweter Bauer ist seiner Einsamkeit überdrüssig und begibt sich auf Brautschau, muß aber feststellen, daß die in Frage kommenden Damen allesamt unerträglich sind. Erst sehr spät merkt er, daß seine Magd, eine kluge und hübsche Person, ihn schon immer liebte. Hitchcock bewies auch bei dieser Produktion sein Talent, Dialoge durch narrative Bildsymbole zu ersetzen. Außerdem experimentierte er mit der subjektiven Kamera – das heißt, die Kamera nimmt oft die Position des Darstellers ein – und ließ die Akteure frontal zum Publikum sprechen. Auch stilistisch wagte Hitchcock Neues: eine Partyszene gerät unversehens zu einer anarchischen Groteske, die an die Destruktionslust und das chaotische Treiben der Marx Brothers erinnert. Doch der Regisseur war alles andere als glücklich über das Resultat, vor allem deshalb, weil die Bühnenvorlage einer filmspezifischen Sprache im Wege stand.

Champagne, die folgende Produktion, fiel noch dürftiger aus. Hitchcock meinte, dies sei *der absolute Tiefpunkt meiner Karriere*[67] gewesen: Ein Champagner-Hersteller will seiner verwöhnten und eigensinnigen Tochter eine Lehre erteilen und gibt vor, Konkurs gemacht zu haben. Ihres Wohlstands beraubt, muß das Mädchen nun seinen Lebensunterhalt mit niederen Arbeiten bestreiten, bis sich sämtliche Verwicklungen am Schluß doch in allgemeines Wohlgefallen auflösen. Wie der Hitchcock-Biograph Donald Spoto zu berichten weiß, kursierte folgende Anekdote: Der Regisseur hielt das Drehbuch von *Champagne* für so langweilig, daß er es nachts immer zwischen die Seiten eines Almanachs legte; am nächsten Morgen prüfte er regelmäßig nach, ob es nicht doch etwas Interessantes aufgesogen habe.[68]

Auch mit seinem letzten Stummfilm, *The Manxman,* war Hitchcock nicht zufrieden. Die Dreiecksgeschichte um eine verratene Liebe, in der die Menschen an ihren starren Moralvorstellungen scheitern, schien ihm zu *banal und völlig humorlos*[69]. *Das einzig Interessante an «The Manxman»,* so Hitchcock später, sei gewesen, *daß es mein letzter Stummfilm war.*[70]

Wichtige Veränderungen im privaten Bereich kündigten sich an. Im Frühjahr 1928 kauften die Hitchcocks in Shamley Green in der Graf-

Hitchcock mit seiner Mutter und seiner Tochter Patricia
in Shamley Green, 1928/29

schaft Surrey das Landhaus «Winter's Grace», schon im Hinblick auf die
bevorstehende Vergrößerung der Familie: Am 7. Juli wurde die Tochter
Patricia geboren. Sie sollte das einzige Kind von Alma und Alfred Hitchcock bleiben.

Vom Stumm- zum Tonfilm

Ende der zwanziger Jahre begann für die internationale Filmindustrie eine neue Ära. Erstmals war es auf technisch überzeugende und zugleich kommerziell vielversprechende Weise gelungen, die bewegten Bilder auf der Leinwand mit einem künstlich reproduzierten Ton zu versehen. Experimente mit dem Tonfilm hatte es zuhauf und fast schon seit der Erfindung des Kinos selbst gegeben. Bereits 1889 soll William K. L. Dickson, ein Mitarbeiter Thomas Alva Edisons, mit Hilfe eines «Kinetophonographen» einen «Sprechfilm» aufgeführt haben.[71]

Versuche, Bild und Ton zu koppeln, wurden seit der Jahrhundertwende vor allem in Frankreich, Deutschland und den Vereinigten Staaten unternommen, führten aber lange Zeit zu keinen befriedigenden Ergebnissen. Besonders die Synchronie, die mangelnde Lautstärke und die geringe Kapazität der Tonträger bereiteten Schwierigkeiten. Dennoch fanden in Pariser Lichtspielhäusern ab 1911 bereits die ersten regelmäßigen Vorführungen von Tonfilmen statt. Der Erste Weltkrieg bedeutete für die Entwicklung der neuen Technik einen schweren Rückschlag, und erst Anfang der zwanziger Jahre wuchs parallel zur Verbreitung des öffentlichen Rundfunks auch wieder das Interesse am Tonfilm.

Den kommerziellen Durchbruch schaffte schließlich das amerikanische Filmunternehmen Warner Brothers, das 1926 den teilweise vertonten Film «Don Juan» vorstellte. Als eigentliche Geburtsstunde des Tonfilms gilt aber die mit Sprache, Musik und Gesang ausgestattete Adaption des Broadway-Stücks «The Jazz Singer» mit Al Jolson in der Titelrolle. Am 6. Oktober 1927 hatte der Streifen in New York Premiere.[72]

Knapp eineinhalb Jahre später, im März 1929, erlebte der erste in Großbritannien produzierte Tonfilm seine Uraufführung. Er trug den Titel «The Clue of the New Pin», war einer der ‹Quota Quickies› und nicht nur kinematographisch, sondern auch tontechnisch von minderer Qualität, weil der Soundtrack noch separat auf Schallplatten und nicht – wie damals bereits üblich – direkt auf dem Filmstreifen selbst aufgezeichnet war.

Der Produzent Maxwell von Hitchcocks Firma BIP wollte den Anschluß an diese Entwicklung nicht verpassen und lieh sich deshalb von dem amerikanischen Unternehmen RCA die technische Ausrüstung für die Herstellung von Tonfilmen. Geplant war, Hitchcocks nächstes Projekt, *Blackmail (Erpressung)*, zumindest teilweise zu vertonen. Der Regisseur hatte diese Entscheidung schon erwartet: *Das Komische an «Blackmail» war, daß die Produzenten nach vielem Hin und Her beschlossen, ihn bis auf die letzte Rolle als Stummfilm zu drehen. Man kündigte solche Filme als «teilweise vertonter Film» an. Ich ahnte aber schon, daß die Produzenten ihre Meinung ändern würden und daß sie einen Tonfilm brauchten, deshalb habe ich mich auf alles eingestellt. Ich habe die Technik des Tonfilms benutzt, aber ohne Ton. So konnte ich, als der Film fertig war, gegen das «teilweise vertont» protestieren, und man hat mir erlaubt, einige Szenen noch einmal zu drehen.*[73]

In dem Interview mit François Truffaut bedauerte Hitchcock, daß die Ära des Stummfilms zu Ende gegangen war, weil hierdurch *die reinste Form des Kinos*[74] verlorenging. *Das einzige, was den Stummfilmen fehlte, waren die Stimmen der Leute auf der Leinwand und die Geräusche. Aber diese Unvollkommenheit rechtfertigte nicht die große Veränderung, die der Ton mit sich brachte. Ich will damit sagen, dem Stummfilm fehlte sehr wenig, nur der natürliche Ton.*[75] Mit dem Aufkommen des Tonfilms, so Hitchcock, drohten die spezifisch filmischen Ausdrucksmittel an Qualität zu verlieren und die Filme zu *Fotografien von redenden Leuten*[76] degradiert zu werden.

Mit seiner ablehnenden Haltung befand er sich in bester Gesellschaft. Charles Chaplin zum Beispiel hatte schon 1924 den Tonfilm kritisiert, weil er die «Grundlage der Filmkunst», die Pantomime, untergrabe.[77] Jahrelang weigerte sich Chaplin beharrlich, den Ton durchgängig zu verwenden, und erst 1940 sprach er in «The Great Dictator» zum erstenmal selbst auf der Leinwand. Im Unterschied aber zu Chaplin war Hitchcock der Ansicht, daß der Ton – ob als Geräusch oder als Sprache – *den Realismus des Bildes auf der Leinwand*[78] vervollständigen könne. In einem Beitrag für die «Encyclopedia Britannica» schrieb Hitchcock, mit der Einführung des gesprochenen Wortes sei der Film wirklichkeitsgetreuer geworden.[79] Allerdings warnte er vor der *Todsünde*, visuelle Gestaltungsmöglichkeiten der Sprache zu opfern: *Der Dialog darf nicht mehr sein als ein Geräusch unter anderen, ein Geräusch, das aus den Mündern der Personen kommt, deren Handlungen und Blick eine visuelle Geschichte erzählen.*[80] Im Kino *sollte man nur den Dialog verwenden, wenn es anders nicht geht. Ich suche immer zunächst nach der filmischen Weise, eine Geschichte zu erzählen, durch die Abfolge der Einstellungen, der Filmstücke. Es ist bedauerlich, daß das Kino mit dem Aufkommen des Tonfilms in einer theaterhaften Form erstarrt ist. Daran ändert auch eine bewegte Ka-*

mera nichts. Die Kamera mag einen ganzen Gehsteig entlangfahren, und es ist immer noch Theater. Die Folge ist das Verschwinden des filmischen Stils und auch ein Schwund an Phantasie.[81]

Mit dieser Äußerung formulierte Hitchcock eine klare Abgrenzung des Films von der Bühne. Seine Praxis als Regisseur orientierte sich an einer Auffassung, die Marcel Pagnol in seiner «Cinématurgie de Paris» thesenartig formuliert hatte, nämlich daß der «Sprechfilm» zu einer selbständigen Kunst werden und sich vom Theater emanzipieren könne. Wer den (Stumm-)Film als Kunstform verstand, wußte, daß «der Ton nicht etwas [ist], das man dem Stummfilm hinzugeben kann. Er ist vielmehr das Grundelement einer vollkommen neuen Kunst, die sich des lebenden Bildes bedient»[82], wie die beiden Filmtheoretiker Walter Pitkin und William Morston zur gleichen Zeit schrieben, als Hitchcock an *Blackmail* arbeitete.

Das Drehbuch zu diesem Film beruht auf dem gleichnamigen Theaterstück von Charles Bennett, das 1928 mit großem Erfolg gespielt worden war. Erzählt wird die Geschichte eines koketten Mädchens, das mit einem Kriminalbeamten liiert ist, sich aber mit einem weiteren Verehrer, einem Maler, einläßt. Als dieser sie zu vergewaltigen versucht, ersticht sie ihn. Ihr Freund ermittelt in dem Fall und findet schnell heraus, wer

Hitchcock bei der Arbeit an seinem ersten Tonfilm: «Blackmail», 1929.
Der Hauptdarstellerin Anny Ondra (rechts) mußte eine englische Kollegin die Stimme leihen

den Maler erdolcht hat, schweigt aber. Ein Erpresser taucht auf und versucht aus seinem Wissen um den Tathergang Kapital zu schlagen. Unversehens gerät er jedoch selbst in den Verdacht, der gesuchte Mörder zu sein. Bei einer Verfolgungsjagd durch das Britische Museum stürzt er zu Tode: Für die Polizei ist damit der Fall offiziell gelöst. Das Mädchen kommt ungeschoren davon.

Doch die Rettung der jungen Frau ist alles andere als ein Happy-End, denn die Gerechtigkeit ist auf der Strecke geblieben. Zudem begibt sie sich mit ihrem Freund, dem Polizisten, in eine fatale wechselseitige Abhängigkeit, denn von nun an sind sie nicht mehr (nur) durch Liebe miteinander verbunden, sondern auch durch das gemeinsame Wissen um die Schuld, die sie sich beide aufgeladen haben, aneinander gekettet. Und ein Unschuldiger ist von der Polizei zu Tode gehetzt worden. Selbst auf die institutionalisierte Hüterin der Ordnung, die Polizei, ist kein Verlaß mehr – wie der Freund des Mädchens durch sein Verhalten ja bestätigt. In seinem Konflikt zwischen Pflicht und Eigeninteresse – er will das Mädchen für sich behalten und kann sie durch sein Schweigen ganz an sich binden – obsiegt sein Egoismus, der ihn schuldig werden läßt. Das scheinbar glückliche Ende der Geschichte hält somit für die beiden nicht sehr hoffnungsfrohe Zukunftsaussichten bereit.

Seiner skeptischen Haltung gegenüber dem Tonfilm zum Trotz erbrachte Hitchcock in *Blackmail* den Beweis, wie kreativ sich das neue Medium verwenden ließ: Weder litt die spezifisch filmische Qualität des Werks Schaden, noch wurde der Ton zum überflüssigen Beiwerk oder zum probaten Ersatz für Zwischentitel herabgestuft. Ein Beispiel für den dramaturgisch effektiven Einsatz des Tons ist die berühmt gewordene Szene, in der eine Nachbarin im Beisein des Mädchens die Tat kommentiert. Der anfänglich deutlich vernehmbare Redeschwall geht allmählich in ein unverständliches Geräusch über, aus dem immer wieder klar artikuliert das Wort «Messer» – die Tatwaffe – herauszuhören ist, wobei das Mädchen jedesmal zusammenzuckt. Erst aus diesem pointierten Zusammenspiel von Sprache und Bild heraus begreift man, unter welchen Gewissensqualen die junge Frau leiden muß – eine Demonstration des Regisseurs, wie man *den Geisteszustand einer Person zeigt, indem man sie ein bestimmtes Geräusch hören läßt*[83].

In anderen Handlungssegmenten ironisiert Hitchcock das akustische Medium und entlarvt die Tücken des gesprochenen Wortes: Die Zimmerwirtin, die die Leiche entdeckt hat, alarmiert per Telefon die Polizei. Obwohl der Beamte und die Frau einander sehr gut hören, gelingt es ihnen nur mit Mühe, einander zu verstehen. Vielmehr herrscht eine absurd anmutende Verwirrung, die an ähnliche Szenen bei Karl Valentin denken läßt.

Szene aus «Blackmail»: Die Jagd auf den Erpresser durch das Britische Museum

Ein Kritiker bescheinigte Hitchcock, er habe vorgeführt, «wie der Ton zu einem integralen Bestandteil der Filmtechnik werden kann»[84]. Nach wie vor wichtiger waren Hitchcock aber die optischen Gestaltungsmöglichkeiten. So erprobte er in *Blackmail* das sogenannte Schüfftan-Verfahren. Durch diese nach einem deutschen Kameramann benannte Tricktechnik, die Fritz Lang 1927 in «Metropolis» erstmals verwendet hatte, läßt sich die Illusion erzeugen, das Geschehen finde an Originalschauplätzen statt: Mit Hilfe einer komplizierten Spiegelungstechnik werden fotografische Abbildungen von Gebäuden, Innen- oder Außenräumen in die Studiodekoration projiziert. Hitchcock benutzte das Schüfftan-Verfahren für die Aufnahmen der Verfolgungsjagd durch das Britische Museum, weil unzureichende Lichtverhältnisse es unmöglich machten, vor Ort zu drehen.

Blackmail, angekündigt als «erster britischer Tonfilm», wurde von Kritik und Publikum als Meisterwerk gefeiert und hob das angeschlagene Prestige des Regisseurs wieder beträchtlich. Der mittlerweile dreißigjährige Hitchcock wußte sehr genau, daß ein hoher Grad an öffentlicher Bekanntheit ihm mehr beruflichen Spielraum und größere Handlungsfreiheit gegenüber dem Produzenten verschaffen konnte – und daß er sich auch in klingender Münze auszahlte. Nach außen hin erweckte

Hitchcock zwar gern den Eindruck, als verstünde er von Geldangelegenheiten nur wenig und würde sich dafür auch nicht sonderlich interessieren; vermutlich fürchtete er, dies könnte seinem Image als leidenschaftlicher Filmemacher, der sich nur auf seine Arbeit konzentriert, schaden. In Wirklichkeit aber entwickelte er ein großes Talent darin, sich den ökonomischen Wert seines Namens zunutze zu machen. So gründete er die Firma «Hitchcock Baker Productions, Limited», die keine andere Aufgabe hatte, als in der Öffentlichkeit, vornehmlich über die Presse, die Popularität des Regisseurs Hitchcock herauszustellen. Zugleich engagierte er den Finanzexperten Jack Saunders, der sein Einkommen verwaltete und ihn in allen Geldfragen beriet.

Während Regisseure wie Hitchcock oder Anthony Asquith den Ton vor allem als eine ästhetische Herausforderung begriffen, war die Filmindustrie in erster Linie an der kommerziellen Verwertbarkeit der neuen Technik interessiert. Deshalb dominierte im Kino bald ein Genre, das Hitchcock spöttisch als *bloße Erweiterung des Theaters* [85] und als Abfilmen *von Leuten, die einen Text aufsagen* [86] bezeichnete: Denn in den europäischen und amerikanischen Filmzentren wurden insbesondere solche Produktionen favorisiert, die dem vermuteten Publikumsgeschmack am meisten entsprachen und somit ein hohes Einspielergebnis erhoffen ließen. Diese Kriterien trafen vor allem auf Verfilmungen erfolgreicher Bühnenstücke zu. Auch hierbei gab Hollywood den Maßstab vor und demonstrierte mit dem 1928 gedrehten Streifen «The Trial of Mary Dugan», wie sich zugkräftige Broadway-Stücke gewinnträchtig als Tonfilme vermarkten ließen. Neben Theater-Verfilmungen versprachen Musikkomödien und Kinorevuen den größten finanziellen Ertrag. Grund genug für die Marktführer der Filmbranche, um in rascher Folge und auf zumeist recht unfilmische Weise in aufwendig inszenierten Produktionen ihre sämtlichen Stars in Wort, Musik und Gesang zu präsentieren.

Auch Hitchcocks Arbeitgeber, die British International Pictures, wollte von diesem Trend profitieren und verpflichtete deshalb seine Regisseure zur Produktion des Revuefilms *Elstree Calling* [87]. Hitchcocks späterer Kommentar – *bar jeden Interesses* [88] – läßt darauf schließen, daß die Arbeit an diesem Spektakel mit einer varietémäßigen Nummernfolge von Gesang-, Tanz- und sonstigen Darbietungen in keiner Weise seinen eigenen Ansprüchen genügte. Dabei bewies er in seinem Beitrag zu diesem konventionellen und banalen Gemeinschaftswerk durchaus Sinn für Ironie und technischen Weitblick: Er inszenierte die Rahmenhandlung, in der ein Mann verzweifelt versucht, sein Fernsehgerät(!) zu reparieren, um die Elstree-Show am Bildschirm mitverfolgen zu können.

Das Studio hatte mit *Elstree Calling* zumindest wirtschaftlich auf die richtige Karte gesetzt. Von diesem Film wurden zwei Fassungen hergestellt – eine in Schwarzweiß und eine kolorierte – und nicht weniger als elf fremdsprachige Versionen ins Ausland verkauft.

Auch die drei folgenden Arbeiten entsprachen nicht den Ambitionen Hitchcocks, waren sie doch Verfilmungen von populären Theaterstük-ken, was – wie sich immer deutlicher herausstellte – die gestalterischen Möglichkeiten des Regisseurs stark einschränkte. Bei der Adaption von «Juno and the Paycock», einem Stück des irischen Dramatikers Sean O'Casey, hatte er *wirklich keine Lust,* denn *ich fand keine Möglichkeit, es in einer filmischen Form zu erzählen.*[89] Obwohl er sich privat ausgezeich-net mit O'Casey verstand, der ihn auch bei den Dreharbeiten besuchte, war dieses Projekt *vom schöpferischen Standpunkt* aus gesehen *keine an-genehme Erfahrung.*[90] Zwar wurde *Juno and the Paycock* als gelungene Bühnenverfilmung überschwenglich gefeiert, aber *ich habe mich wirklich geschämt, denn mit Kino hatte das alles nichts zu tun. Die Kritiker lobten den Film, und ich kam mir unehrlich vor, als hätte ich etwas gestohlen.*[91]

Wie sehr jedoch die Verfilmung von Theaterstücken dem breiten Pu-blikumsgeschmack entsprach, bewies eine Umfrage der Fachzeitschrift «Film Weekly». Unter den fünf besten britischen Filmen des Jahres 1930 verzeichnete das Fachblatt allein drei Filmadaptionen: Neben «Journey's End» unter der Regie von James Whale und George Pearson und «Escape», inszeniert von Basil Dean, rangierte auch Hitchcocks *Juno and the Paycock.*

Die folgende Produktion mit dem Titel *Murder! (Mord – Sir John greift ein)* basierte auf dem Bühnenstück «Enter Sir John» von Clemence Dane und Helen Simpson. Es war einer der wenigen «Whodunits», die Hitch-cock jemals inszenierte, das heißt ein Film, in dem es um die Suche nach dem Täter geht. (Erst zwei Jahrzehnte später drehte er mit *Stage Fright – Die rote Lola –* und *The Trouble with Harry – Immer Ärger mit Harry –* noch zwei weitere Filme dieses Genres.) Hitchcock hat diese Art von Fil-men *immer gemieden, weil im allgemeinen nur der Schluß interessant ist*[92]. Immerhin bot *Murder!* Gelegenheit, das in *The Lodger* angeschlagene Thema, die Frage nach der wahren Identität eines Menschen und die Kluft zwischen Erscheinung und Realität, filmisch weiterzuverfolgen. In *Murder!* wechseln die Hauptpersonen laufend ihre Rollen und schlüpfen immer wieder in eine andere Haut; alles wird zu einer Frage des jeweili-gen Blickwinkels, denn es gibt keine objektive Wahrheit mehr.

Um *Murder!* auch auf dem deutschsprachigen Markt verkaufen zu können, wurde Hitchcock nach Berlin geschickt, wo er eine deutschspra-chige Version – Synchronisationen waren technisch erst nach 1932 mög-lich – mit deutschen Schauspielern drehen sollte. Diese Fassung mit dem Titel *Sir John greift ein* geriet zu einem eklatanten Mißerfolg, weil sich die britischen Eigentümlichkeiten des Drehbuchs nicht ohne weiteres

Szene aus «Juno and the Paycock», nach einem Bühnenstück von Sean O'Casey

auf ein deutsches Ambiente und deutsche Charaktere übertragen ließen. *Alle möglichen Details, die in der englischen Fassung sehr komisch waren, waren es überhaupt nicht mehr in der deutschen. Zum Beispiel die ironischen Seitenhiebe auf den Verlust der Würde oder auf Snobismus. Der deutsche Schauspieler fühlte sich nicht wohl in seiner Haut, und ich merkte, ich verstand die Besonderheiten der Deutschen nicht.*[93] Indirekt waren diese Schwierigkeiten eine Bestätigung dafür, daß Hitchcock unverwechselbar britisches Milieu und *Charakteristika des englischen Lebens*[94] auf die Leinwand brachte und somit einer der wenigen Regisseure seines Landes war, die in ihre Arbeiten Elemente der englischen Alltagskultur einflochten – was zeitgenössische Kritiker, die den Verlust kultureller Identität im englischen Film befürchteten, immer wieder gefordert hatten.

In Großbritannien wurde *Murder!* positiv aufgenommen. Ohne Zweifel zahlte sich für die BIP die Adaption erfolgreicher Theaterstücke aus, und so erhielt Hitchcock den Auftrag, als nächstes das 1920 uraufgeführte Stück «The Skin Game» von John Galsworthy filmisch umzusetzen. Der durch seine «Forsyte Saga» berühmt gewordene Autor und der Regisseur lernten sich persönlich kennen und kamen gut miteinander zurecht, was aber die Unlust Hitchcocks, das Stück zu verfilmen, nicht im geringsten minderte. Sein einziger Kommentar zu dem Streifen *The Skin Game (Bis auf's Messer)*, der vom Kampf zweier Familien um ein Stück Land handelt, lautete: *Ich habe mir das Thema nicht ausgesucht, und ich habe auch nichts dazu zu sagen.*[95]

Hitchcock hatte nun nacheinander vier Produktionen als Regisseur geleitet oder an ihnen mitgewirkt, die ihn weder sonderlich begeistert noch ihm großen künstlerischen Spielraum gelassen hatten. Seine Frustration wuchs, zumal es für das Studio keinen Grund gab, diese Serie von Bühnenadaptionen abzubrechen. Somit bestand wenig Aussicht, daß er seine eigenen Vorstellungen auf Dauer würde durchsetzen können. Die Verärgerung über diese Situation mag dazu beigetragen haben, daß er offensichtlich Vergnügen darin fand, die Menschen seiner Umgebung mit kruden Späßen zu ärgern oder zu irritieren. Hitchcock war berüchtigt für seine exzentrischen Streiche, die nicht selten geschmacklos waren und manchmal auch die Grenze zur Schikane und zum Sadismus überschritten. So machte zum Beispiel die Anekdote die Runde, wie Hitchcock mit einem Studioarbeiter die Wette abschloß, dieser sei nicht mutig genug, eine Nacht lang angekettet im Studio zu verbringen. Wohl nicht zuletzt wegen des hohen Wetteinsatzes ließ der Arbeiter sich darauf ein; Hitchcock kettete ihn persönlich mit Handschellen an und kredenzte ihm zum Abschied einen Schlummertrunk, den er zuvor mit einem starken Abführmittel versetzt hatte.[96]

Seinem Mißmut darüber, daß er in seiner Kreativität gebremst wurde und sein Talent für belanglose Streifen verschwenden mußte, versuchte er schließlich auch in seiner filmischen Arbeit ein Ventil zu verschaffen. Um die Jahreswende 1931/32 hatte er zusammen mit seiner Frau Alma und der dreijährigen Tochter Patricia eine Weltreise unternommen, auf der sie unter anderem Afrika und die Karibik besuchten. Nach seiner Rückkehr wies ihm John Maxwell eine neue Auftragsarbeit zu: wieder einmal die Verfilmung eines Bühnenstücks, «Number Seventeen» von Joseph J. Farjeon. Das war doppelt ärgerlich, denn zum einen hatten er und Alma während ihrer Reise die Idee zu einem eigenen Film entwickelt; bei Maxwell stieß er damit aber auf wenig Gegenliebe. Zum anderen hatte Hitchcock fest damit gerechnet, John van Drutens «London Wall» verfilmen zu können. Statt dessen wurde ein anderer Regisseur, Thomas Bentley, mit der Regie von «London Wall» beauftragt, der seinerseits viel lieber «Number Seventeen» übernommen hätte.

In einer Mischung aus Trotz, Selbstbehauptungswillen und Wut nahm sich Hitchcock nun vor – gleichsam hinter dem Rücken des Produzenten –, aus *Number Seventeen (Nummer Siebzehn)* eine Parodie auf das Genre des Kriminalfilms zu machen.[97] So strotzt der Film von Ungereimtheiten, irritierenden Verfremdungen, von Klischees und aberwitzigen Wendungen. Die Hauptdarstellerin zum Beispiel bleibt den ganzen Film über stumm; u n t e r dem Haus Nummer 17 verläuft die Eisenbahn, mit der die Schurken zu fliehen versuchen; und vermeintlich Tote sind mit einemmal wieder quicklebendig. Schließlich kommt es zu einer rasenden Verfolgungsjagd zwischen einem Zug und einem Linienbus – wobei ganz deutlich zu erkennen ist, daß es sich dabei um Miniaturmodelle handelt –, die damit endet, daß der Zug mit einer Kanalfähre kollidiert. Die parodistische Absicht in dem Film, den Hitchcock später lapidar als *eine Katastrophe*[98] bezeichnete, wurde aber weder vom Produzenten noch vom Publikum erkannt, geschweige denn gewürdigt, wozu nicht zuletzt die schludrige Machart beitrug. *Number Seventeen* konnte man bestenfalls für eine mißglückte Komödie halten, der es an Spannung, Identifikationsmöglichkeiten und Übersichtlichkeit mangelte.

Nachdem er diese Pflichtaufgabe erledigt hatte, gelang es Hitchcock doch noch, den Produzenten für das Projekt zu erwärmen, das ihm wirklich am Herzen lag, den Film nämlich, dessen Grundidee er auf seiner Weltreise skizziert hatte. Seit *The Ring* war das sein erster Film, der auf einem Originaldrehbuch beruhte; geschrieben hatten es Val Valentine und Hitchcocks Frau Alma Reville. Der Titel, *Rich and Strange (Endlich sind wir reich),* ein Zitat aus Shakespeares «The Tempest», bezieht sich auf die beiden Hauptpersonen des Films, die unverkennbar autobiographische Züge von Alfred und Alma tragen: Fred und Emily, ein spießiges junges Ehepaar, das unverhofft zu Geld gelangt, begibt sich per Luxusdampfer auf eine Weltreise. Doch die Erfahrungen mit fremden Menschen, denen sie begegnen, die Miseren und Konflikte, die sie erleben, erweitern keineswegs ihren Horizont, sondern offenbaren nur ihre Unfähigkeit, mit ungewohnten Situationen zurechtzukommen und aus Fehlern zu lernen. Ihre im Egoismus begründete geistige Beschränktheit ist frappant.

Was vielleicht als sarkastische Selbstkritik des Regisseurs und seiner Drehbuchautorin gedacht war, erweist sich im Film als purer Zynismus gegenüber den dargestellten Figuren, die offen der Lächerlichkeit preisgegeben werden. Nach einer langen und ereignisreichen Reise kehren die beiden an ihren Ausgangspunkt zurück, aber im Unterschied zum klassischen Entwicklungsroman, nach dessen Muster die Filmhandlung angelegt ist, haben sie keinen erkennbaren Gewinn aus ihren Erlebnissen gezogen, sondern sind so dumm, naiv und eigensüchtig wie zuvor. Die Verwandlung der Persönlichkeit, auf die das Shakespeare-Zitat anspielt, hat nicht stattgefunden.

Rich and Strange brüskierte die Erwartungshaltung des Publikums, weil die Hauptfiguren bloßgestellt werden und der Zuschauer somit kei-

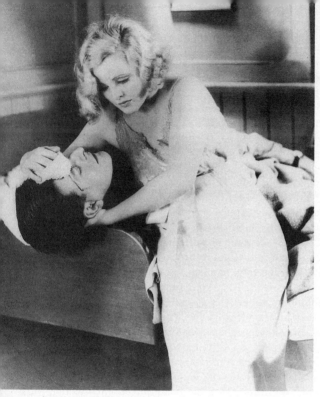

Szene aus «Rich and Strange», 1932: Emily (Joan Barry) und ihr seekranker Ehemann Fred (Henry Kendall)

ne Identifikationsmöglichkeiten findet. Dies mag auch der Grund gewesen sein, warum der Film, obwohl er *Erfolg verdient gehabt*[99] hätte, keinen Anklang fand.

Nach *Rich and Strange* hatte Hitchcock beruflich einen Tiefpunkt erreicht. Das Studio signalisierte, daß an einer weiteren Zusammenarbeit kein Interesse mehr bestand, und übertrug ihm als letztes Projekt den Film *Lord Camber's Ladies,* allerdings nicht in der Funktion des Regisseurs, sondern als Produzent; Regie führte Benn W. Levy. Obwohl mit Gerald du Maurier – in Hitchcocks Augen damals *der beste Schauspieler überhaupt*[100] – und Gertrude Lawrence hervorragend besetzt, wurde der als ‹Quota Quickie› konzipierte Streifen ein totaler Mißerfolg, für Hitchcock der dritte kommerzielle Reinfall in Serie.

Der «Spezialist für Suspense und Thriller»[101]

Nach *Lord Camber's Ladies* war Hitchcocks Engagement bei BIP zu Ende. Auf der Suche nach einem neuen Arbeitgeber verpflichtete er sich zunächst bei der von Alexander Korda geleiteten Firma London Films. Geplant wurde ein Projekt mit dem Arbeitstitel «Wings over the Jungle». Doch es kam nicht zustande, weil Korda feststellen mußte, daß ihm für die Finanzierung das nötige Geld fehlte. Es war wohl eine Laune des Schicksals, daß Hitchcock mit Korda zusammentraf, als dieser noch relativ unbekannt war; nur kurze Zeit später gehörte er dank seiner «Private Life ...»-Filme zu den wichtigsten Produzenten des englischen Kinos.

Erstmals im Lauf seiner Filmkarriere sahen Hitchcocks Zukunftsaussichten düster aus, düsterer noch, als er es selbst empfand: *damals hatte ich einen sehr schlechten Ruf, aber zum Glück wußte ich das nicht. Das hatte nichts mit Eitelkeit zu tun, ich war einfach innerlich überzeugt, ein Filmregisseur zu sein. Ich habe mir nie gesagt: Mit dir ist es aus, deine Karriere geht bergab. Und doch, von außen gesehen, für die anderen, war es das.*[102]

Zum Glück bot ihm der unabhängige Produzent Tom Arnold an, bei der Verfilmung des Musicals *Waltzes from Vienna* die Regie zu übernehmen. Mangels besserer Alternativen griff Hitchcock zu, obwohl ihn das Thema, die Geschichte von Johann Strauß Vater und Sohn, ebensowenig interessierte wie die meisten der Bühnenverfilmungen, die er zuvor gedreht hatte. *Waltzes from Vienna*, dieses *Musical ohne Musik. Ganz billig*[103], wie Hitchcock später abschätzig urteilte, hatte keine positive Resonanz. Die US-amerikanische Fachzeitschrift «Variety» faßte es in dem vernichtenden Satz zusammen: «Ein Film, der niemals über den Ozean hätte kommen dürfen.»[104] Esmond Knight, der Schauspieler, der Johann Strauß verkörperte, will gehört haben, daß Hitchcock während der Dreharbeiten einmal verzweifelt ausrief: «Das Melodram ist das einzige, was ich beherrsche!»[105] Das Genre des Kostümfilms jedenfalls war seine Sache nicht.

Gedreht wurde *Waltzes from Vienna* in den Lime-Grove-Studios der Firma Gaumont-British. Anfang der dreißiger Jahre zählte dieses Unter-

Einer der wenigen Kostümfilme Hitchcocks: «Waltzes from Vienna», 1933

nehmen, hinter dem das kapitalkräftige Bankhaus der Gebrüder Ostrer stand, neben British International Pictures zu den Marktführern der britischen Filmindustrie. Diese beiden Gesellschaften teilten den heimischen Markt weitgehend unter sich auf, sie kauften Kinos, errichteten moderne Tonfilmstudios und gründeten eigene Verleihfirmen. Zu ihrem wirtschaftlichen Erfolgsrezept gehörte auch, möglichst nur die besten Leute der Branche zu engagieren.

In den Lime-Grove-Studios begegnete Hitchcock Michael Balcon wieder, der mittlerweile einer der Direktoren von Gaumont-British geworden war; und als dessen rechte Hand fungierte ein weiterer alter Bekannter von Hitchcock, Ivor Montagu. Dieses erneute Zusammentreffen sollte sich für Hitchcock als Glücksfall erweisen, denn Balcon bot dem arbeits- und inzwischen auch erfolglosen Regisseur einen Vertrag über fünf Filme an.

Als Hitchcock Anfang 1934 bei Gaumont-British unterzeichnete, befand sich die britische Filmindustrie in einer beispiellosen wirtschaftlichen Hochphase. Nach – international gesehen – jahrelanger Bedeutungslosigkeit erlebte das Filmschaffen auf der Insel einen Aufschwung wie nie zuvor. Während 1926 im gesamten Königreich nur 26 abendfüllende Spielfilme produziert worden waren, stieg deren Zahl bis 1933 auf 159. Der Aufwärtstrend hielt auch in den folgenden vier Jahren an, und 1937, auf dem Höhepunkt des Booms, wurden in keinem anderen Land der Welt, die USA ausgenommen, mehr Spielfilme hergestellt als in Großbritannien. Auch auf dem Verleihsektor brauchte man keinen Vergleich mehr zu scheuen: 1928 hatte es landesweit erst 50 Kinos mit Tonapparaturen gegeben, 1932 war diese Zahl schon um mehr als das Sechsfache übertroffen.[106]

Die Zusammenarbeit mit Gaumont-British bedeutete für Hitchcock die Rettung seiner Karriere. Bei seiner neuen Firma fand er optimale technische Arbeitsbedingungen, und sein alter und neuer Chef Michael Balcon ließ ihm weitgehend freie Hand. Die zurückliegenden, zum Teil sehr frustrierenden Erfahrungen hatten ihm eine Lehre erteilt: Nach den Mißerfolgen von *Rich and Strange* und *Number Seventeen* habe er gelernt, *sehr kritisch gegen mich selbst zu sein, Abstand zu nehmen, um meine getane Arbeit zu beurteilen, einen zweiten Blick darauf zu werfen. Und vor allem, mich nie wieder auf ein Projekt einzulassen, bei dem ich mich nicht innerlich wohl fühle. Wenn man sich wirklich in einem Projekt zu Hause fühlt, dann wird auch etwas Gutes herauskommen.*[107] Und seinen Klageruf, er könne nichts anderes inszenieren als Melodramen, präzisierte er in dem Sinne, daß er eine bestimmte Spielart meine, nämlich die Crime Story. *Ich wähle die Crime Stories, weil sie die einzige Art von Geschichten sind, die ich selbst schreiben oder bei denen ich anderen beim Schreiben helfen kann; es ist die einzige Art von Geschichten, die ich in einen erfolgreichen Film umwandeln kann.*[108]

Für das Geschäftsjahr 1934 plante Gaumont-British die Produktion von 40 Filmen bei einem Gesamtetat von 1 250 000 Pfund. Welch ein gigantisches Unterfangen dies war, läßt sich daran ermessen, daß die mächtigste Hollywoodfirma dieser Zeit, Metro-Goldwyn-Mayer, auch in ihrem besten Jahr nicht mehr als 42 Spielfilme herstellte. Eines der Projekte von Gaumont-British trug den Titel *The Man Who Knew Too Much;* mit ihm gab Hitchcock sein Debüt als neuverpflichteter Vertragsregisseur. Zwar stand ihm dafür nur ein knapp bemessenes Budget zur Verfügung, aber nach den ermüdenden Bühnenverfilmungen erschien ihm dieser Auftrag wie eine Befreiung. Endlich hatte er wieder einen Stoff, mit dem er seine filmischen Ideen verwirklichen konnte. Zusammen mit dem Drehbuchautor Charles Bennett entwarf er ein Skript, das von seinen Lieblingsthemen Verbrechen, Intrigen und Gewalt handelte. *The Man Who Knew Too Much,* in dem es um eine Kindesentführung und um ein Attentat auf einen Politiker geht, wurde zum Auftakt einer Reihe von Werken, die Hitchcocks Ruf als erstklassiger Regisseur begründeten.

Auf den 1934 gedrehten *The Man Who Knew Too Much* folgten in gleichmäßigem Produktionstempo *The Thirty-nine Steps (Die 39 Stufen;* 1935), *Secret Agent (Geheimagent;* 1936), *Sabotage (Sabotage;* 1936), *Young and Innocent (Jung und unschuldig;* 1937) und *The Lady Vanishes (Eine Dame verschwindet;* 1938). Dank der günstigen äußeren Bedingungen konnte er in dieser Serie von sechs Filmen, der wichtigsten und erfolgreichsten Phase seines Schaffens in England, erstmals kontinuierlich seine ästhetischen Vorstellungen realisieren und den ihm eigenen Stil, seine «Handschrift», vorführen: das eigentümliche Ineinander von Spannung und Schock auf der einen und Komik und Ironie auf der anderen Seite. Am stärksten ausgeprägt ist diese kontrastiv-komplementäre Mischung in *The Lady Vanishes,* ein Film, der im ersten Drittel wie eine Slapstick-Komödie wirkt, allmählich in eine spannungsgeladene Agentenstory übergeht und schließlich in einem dramatischen Showdown gipfelt.

Notwendige Voraussetzungen dieses Hitchcock-Stils waren ein hoher technisch-handwerklicher Standard und weitgehende gestalterische Freiheit des Regisseurs. Der häufig zitierte Ausspruch Hitchcocks, er habe *den Film komplett im Kopf, noch bevor ich mit den Dreharbeiten beginne*[109], er kenne jede Szene und jeden Dialog auswendig und wisse en détail, wie das Bild auf der Leinwand auszusehen habe, belegt seinen monomanischen Gestaltungswillen, der ihm nicht erlaubte, etwas dem Zufall oder der Improvisation zu überlassen oder spontanen Einfällen zu folgen. Durchaus glaubwürdig sind daher Berichte von Zeitzeugen, Hitchcock habe die Dreharbeiten oft sehr gleichgültig und desinteressiert verfolgt[110], sei zuweilen auch eingenickt und habe kaum jemals einen Blick durch die Kamera geworfen. Sein Desinteresse an der materiellen Produktion des Werks gipfelte in dem paradox anmutenden Bekenntnis: *Ich wünschte, ich müßte den Film nicht drehen. Wenn ich das Drehbuch fertig und den Film auf Papier entworfen habe, ist für mich der kreative Teil erledigt, und der Rest ist nur noch langweilig.*[111]

Technische Virtuosität und außergewöhnliche handwerkliche Leistung allein hätten jedoch nicht gereicht, ihm dauerhafte Anerkennung zu sichern, hätte er nicht zugleich bewiesen, daß sich sein ästhetisches Konzept durchaus mit dem Unterhaltungsbedürfnis des Publikums und den Gewinninteressen des Studios in Einklang bringen ließ. Anders gesagt: Hätten seine Filme nicht reichlich Geld eingespielt, wäre es mit der Karriere des Regisseurs vermutlich bald zu Ende gewesen.

Ästhetisch gesehen beruhte der Erfolg, den er in dem Jahrfünft zwischen 1934 und 1939 hatte, auf einer konsequent ausgeformten filmischen Sprache, die sich aus der Abhängigkeit von der literarischen Vorlage befreite und dem Bild eine eigenständige Bedeutung verlieh, die

60

«The Thirty-nine Steps», 1935: Robert Donat als verfolgter Held, auf der Flucht durch das schottische Hochland

über die dargestellte Handlung hinauswies. Wichtigstes Gestaltungsmittel dabei war die Montage: ein Gegeneinandersetzen von Bildsequenzen, das Einsichten vermittelt, die durch das Spiel der Darsteller allein nicht zustande kämen. Die Leistung des Regisseurs bestehe darin, den Film auf *der Leinwand zusammenzusetzen, und nicht einfach etwas abzufotografieren, das bereits in Form eines langen Stücks Spielhandlung zusammengesetzt wurde*[112]. Wie so etwas aussieht, hat Hitchcock selbst anhand einer Szene aus *Sabotage* erläutert: *Während Sylvia Sydney die Gemüseplatte auf den Tisch stellt, ist sie wie verhext von dem Messer, als ob ihre Hand sich selbständig machte, wenn sie danach greift. Die Kamera geht auf ihre Hand, dann auf ihre Augen, dann auf ihre Hand und wieder auf ihre Augen, bis zu dem Moment, als in ihrem Blick das Bewußtsein davon erscheint, was das Messer bedeutet. [...] Der falsche Weg hätte darin bestanden, durch Sylvia Sydneys Mienenspiel zu erklären, was in ihrem Inneren vorgeht. So etwas mag ich nicht. [...] und deshalb versuche ich, dem Publikum den Seelenzustand dieser Frau ausschließlich mit Kinomitteln klarzumachen.*[113]

Die Kamera bestimmt, was gezeigt wird und wie es gezeigt wird, nicht die erzählte Handlung oder die schauspielerische Aktion. Dieses Konzept des autonomen Bildes zielt auf die Emotionalisierung des Publikums: *Die erste Aufgabe besteht darin, die Emotion zu schaffen, die zweite darin, sie zu erhalten.*[114] Um das Publikum *in die Situation einzubeziehen*[115], es zu «konditionieren»[116], griff Hitchcock bevorzugt zum Mittel des Suspense, das er wie kein zweiter beherrschte.

Charakteristikum von Suspense – man kann diesen Begriff nur unzulänglich mit dem deutschen Wort «Spannung» übersetzen – ist, den Zuschauer mehr wissen zu lassen als die Akteure auf der Leinwand. *Um echten Suspense zu erzielen, ist es entscheidend, dem Zuschauer Informationen zu geben. Nehmen wir einmal die altmodische Bomben-Theorie. Sie und ich sitzen am Tisch und reden zum Beispiel über Baseball. Wir unterhalten uns fünf Minuten lang. Plötzlich geht eine Bombe hoch, und das Publikum hat einen Schock, der zehn Sekunden anhält. Noch einmal die gleiche Situation: Das Publikum erfährt zu Beginn – und sieht dies auch –, daß unter dem Tisch eine Bombe liegt. Und die wird in fünf Minuten explodieren. Und wir unterhalten uns über Baseball. Was machen die Zuschauer damit? Sie denken, redet doch nicht über Baseball, unter dem Tisch liegt eine Bombe. Macht, daß ihr sie loswerdet! Aber sie sind hilflos, sie können ja nicht von ihrem Sitz in die Leinwand springen, sich die Bombe schnappen und sie fortschleudern. Die Leute sind angespannt.[...] Aber eine wichtige Sache: Wenn man das Publikum bis zu diesem Punkt getrieben hat, darf die Bombe keinesfalls hochgehen und die Menschen am Tisch töten. Andernfalls wird der Zuschauer äußerst böse mit einem sein.*[117]

Durch das Mittel des Suspense wird aus der Crime Story, zu der sich Hitchcock als seinem eigentlichen Metier bekannte, der Thriller. Bei dieser Art von Filmen, deren Absicht in der kalkulierten Emotionalisierung des Publikums liegt, ist es für den Zuschauer nahezu bedeutungslos, von welchem Motiv – zum Beispiel gestohlene Geheimpapiere oder die Entlarvung eines Verbrechers – die Handlung ausgelöst und vorangetrieben wird. Hitchcock bezeichnete diesen an sich nichtigen Anlaß, aus dem das Geschehen im Film erwächst, als «MacGuffin» – ein Begriff aus der Tradition der englischen Music Halls[118]: *Der MacGuffin [...] ist etwas, was die Personen im Film zwar sehr beschäftigt, das Publikum aber nicht sonderlich interessiert.*[119] Entscheidend ist vielmehr die aus dramatischen Konstellationen gewonnene Spannung.

Mit dem Thriller hatte Hitchcock das Medium gefunden, das am besten seiner Strategie des filmischen Erzählens dienlich war. Die zwischen 1934 und 1939 entstandenen Filme handeln, mit einer Ausnahme *(Young and Innocent)*, von Agenten und Spionage. Darüber hinaus enthalten

Peter Lorre in «Secret Agent», 1936

Szene aus «Young and Innocent», 1937

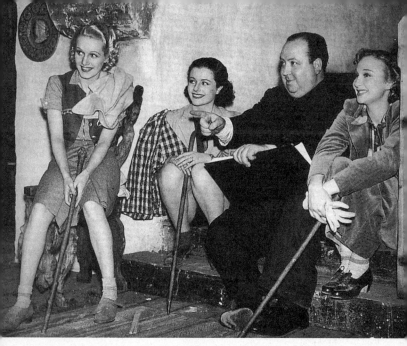

Bei den Dreharbeiten für «The Lady Vanishes», 1937: Hitchcock mit
Sally Stewart, Margaret Lockwood und Googie Withers (von links nach rechts)

insbesondere *The Man Who Knew Too Much, Sabotage* und *The Lady Vanishes* zeitgeschichtliche Anspielungen auf die faschistischen Diktaturen, die sich in Europa etabliert hatten. Dies wurde durch die Wahl von Schauspielern wie Peter Lorre und Oscar Homolka, die beide aus Nazi-Deutschland hatten fliehen müssen, noch unterstrichen. Allerdings läßt die politisch geprägte Filmhandlung keineswegs auf eine zeitkritische Absicht des Regisseurs schließen. Nichts lag Hitchcock ferner, als aufklärerisches oder propagandistisches Kino im politischen Sinne zu machen. Seine Haltung hierzu faßte er lapidar in dem Satz zusammen: *Das Publikum interessiert sich im Kino nicht für Politik*.[120] Die zeitgeschichtlichen Bezüge liefern lediglich Handlungsmotivierungen und bilden den Ausgangspunkt des eigentlichen Geschehens, nämlich die Konfrontation des Individuums mit dem Unheil und dem Bösen.

Es handelt sich um existentielle Grundsituationen, in die Hitchcocks Helden geraten, und dabei spielt es keine Rolle, ob ihr jeweiliger Gegner ein gewöhnlicher Krimineller oder ein Nazi-Agent ist. Die Weltsicht, die

Hitchcock vermittelt, ist eine Perspektive der Angst: der Angst vor der Bedrohung durch das Chaos, das hinter der Fassade der Ordnung lauert. In *The Man Who Knew Too Much* repräsentiert die Familie das Sinnbild für eine scheinbar stabile und sichere Welt; unversehens und brutal wird diese durch verbrecherische Mächte in Frage gestellt. Ungewollt geraten die Protagonisten in einen Konflikt zwischen ihren persönlichen Belangen und ihren Pflichten dem Staat und der Gesellschaft gegenüber. Doch schon in *Sabotage* trägt die Familie selbst den Keim des Konfliktes in sich.

Allen sechs Filmen ist gemeinsam, daß es keine Stätten der Zuflucht mehr gibt. Nichts symbolisiert dies besser als der Schauplatz, auf dem in *The Man Who Knew Too Much* und *Secret Agent* das Unheil seinen Lauf nimmt, die Schweiz. Selbst dieses traditionell als Hort der Stabilität, Sicherheit und Neutralität angesehene Land garantiert keinen Schutz vor der Bedrohung. Ebensowenig ist Verlaß auf vermeintlich unumstößliche Werte wie Aufrichtigkeit und Gerechtigkeit. Um das Böse zu bekämpfen, muß in *Secret Agent* der Held zu denselben verwerflichen Methoden greifen wie der Schurke. Die Menschen sind zumeist nicht das, als was sie sich darstellen oder ausgeben; fast jeder trägt eine Maske, hinter der er seine eigenen, oft genug schändlichen Absichten verbirgt. Deshalb erweist sich für die Protagonisten häufig, daß die Intuition zuverlässiger ist als die Wahrnehmung. Doch ein Trost bleibt: Die Helden wachsen bisweilen über sich selbst hinaus, stellen sich der Gefahr, werden unschuldig verfolgt, gelangen dann aber dank ihrer Integrität letztlich doch zum Ziel.

Warum Hitchcock gerade mit diesen Filmen seinen bis dahin größten Erfolg errang, läßt sich nur vermuten. Möglicherweise hatte es sozialpsychologische Gründe, denn es ist denkbar, daß in einer Zeit weltpolitisch größter Unsicherheit sein filmisches Konzept den Ängsten und Zweifeln des Publikums angemessenen Ausdruck verlieh; die unterhaltsame Art, auf die er seine Schreckensbilder präsentierte, tat dem keinen Abbruch.

Neubeginn in Hollywood

Die amerikanische Filmindustrie war auf den Meisterregisseur aus London aufmerksam geworden. Seit 1936, als *The Man Who Knew Too Much, The Thirty-nine Steps* und *The Lady Vanishes* auch in den USA die Zuschauer in Scharen anzogen, erhielt Hitchcock Angebote von Produzenten aus Hollywood, die ihn unter Vertrag nehmen wollten. Er zeigte sich interessiert, aber nicht überschwenglich begeistert – eben wie ein klug kalkulierender Geschäftsmann –, wobei er sehr genau wußte, daß es die Chance war, auf die er schon lange gewartet hatte. In Großbritannien hatte er seine künstlerischen Grenzen erreicht; die englische Filmindustrie, die eben noch einen beispiellosen Aufschwung erlebt hatte, drohte wieder einmal zu kollabieren, die Produktion von Spielfilmen sank rapide. Von den angeschlagenen britischen Firmen konnte Hitchcock keine interessanten Angebote mehr erwarten, und die freien Produzenten verfügten meist nicht über das nötige Geld, um die Projekte zu finanzieren, die ihm vorschwebten.

Auch seine ästhetischen Vorstellungen glaubte er in den Vereinigten Staaten besser realisieren zu können, weil dort, anders als in Europa und insbesondere in England, das Kino nicht als triviale Massenunterhaltung oder als minderwertiger Abkömmling des Theaters angesehen wurde, sondern einen respektablen Status als eigenständige Kunstgattung genoß. Schließlich war Hitchcock, der *tiefe Wurzeln im amerikanischen Kino*[121] besaß und durch seine Arbeit bei Famous Players-Lasky *eine amerikanische Lehre*[122] absolviert hatte, seit jeher von der amerikanischen Weise des Filmemachens fasziniert gewesen.

Seine erste Reise in die USA unternahm Hitchcock Anfang August 1937, zusammen mit seiner Frau Alma und seiner Sekretärin Joan Harrison (der späteren Ehefrau von Eric Ambler), die im Lauf der Jahre zu seiner engsten Mitarbeiterin geworden war und schließlich fast zur Familie gehörte. Die Fahrt auf dem Ozeanriesen «Queen Mary» nach New York wurde offiziell als Urlaubsreise deklariert, doch gleich nach der Ankunft begann Hitchcock, Verhandlungen mit den Vertretern großer Filmunternehmen wie RKO, Paramount und MGM zu führen.

Während seiner «Lehrzeit» in den Islington-Studios hatte Hitchcock H. Myron Selznick kennengelernt; dieser war Koproduzent des 1924 in London entstandenen Films *The Passionate Adventure* gewesen, bei dem Hitchcock als Filmarchitekt und Drehbuchautor mitgewirkt hatte. Nun ließ Myron Selznick Hitchcock wissen, sein Bruder David sei sehr daran interessiert, ihn zu engagieren. Nicht nur in finanzieller Hinsicht war David O. Selznicks Offerte sehr verlockend – er bot ein für damalige Verhältnisse immens hohes Gesamthonorar von 800 000 Dollar für vier Filme –, eine wichtige Rolle bei Hitchcocks Überlegungen spielte sicher auch die Tatsache, daß Selznick großes Prestige genoß. Seit den zwanziger Jahren hatte Selznick Hollywood-Filme produziert, die berühmt wurden, darunter den Klassiker «King-Kong» und die Charles Dickens-Adaptionen «David Copperfield» und «A Tale of Two Cities». Mit seiner 1934 gegründeten eigenen Filmfirma wollte Selznick beweisen, daß er es auch als unabhängiger Produzent mit den «Major Companies» aufnehmen konnte: Die Verhandlungen mit Hitchcock fanden statt, während Selznick mit den Dreharbeiten zu «Gone With the Wind» beschäftigt war, dem – zumindest was die Höhe der Einspielergebnisse betraf – jahrzehntelang unübertroffenen Werk der Filmgeschichte.

Vielleicht mag zu Hitchcocks Entscheidung auch beigetragen haben, daß der um drei Jahre jüngere Selznick ein ebenso leidenschaftlicher Filmemacher und Perfektionist war wie er selbst. Jedenfalls unterzeichnete Hitchcock im Juli 1938 bei Selznick. Als erstes war ein Film über den Untergang der «Titanic» vorgesehen.

Der Umzug nach Hollywood konnte nicht so rasch erfolgen wie gewünscht, denn zuvor mußte Hitchcock noch seine vertraglichen Verpflichtungen in England erfüllen und im Herbst 1938 den von ihm wenig geschätzten Kostümfilm *Jamaica Inn (Riff-Piraten)* fertigstellen, *ein völlig absurdes Unternehmen*[123]. Nach dieser lästigen und lustlos absolvierten Aufgabe verkauften die Hitchcocks im Februar 1939 ihr Landhaus in Shamley Green, lösten die Wohnung in der Cromwell Road 153 auf und stachen, begleitet von einer Köchin, einem Dienstmädchen und zwei Hunden, am 1. März von Southampton aus in See. Via New York und Florida gelangten sie Ende des Monats nach Los Angeles.

Der Neubeginn in den Vereinigten Staaten war, was das Privatleben der Hitchcocks betraf, angenehm und unproblematisch. So schlossen sie schnell Bekanntschaft mit einer ganzen Reihe von Hollywood-Stars wie Clark Gable und dessen Frau Carole Lombard und lernten Ernest Hemingway und Thomas Mann kennen. Außerdem fanden die Neuankömmlinge recht bald ein geeignetes Zuhause für sich, das Anwesen Bellagio Road Nummer 10957 in Hollywood; in diesem Haus sollten sie die nächsten Jahrzehnte ihres Lebens verbringen.

Hitchcock und seine Familie betreten amerikanischen Boden, 1939

Bei der Arbeit im Studio hingegen tauchten unerwartete Schwierigkeiten auf. Ein wichtiger Grund, warum Hitchcock sich für Hollywood entschieden hatte, war die Hoffnung gewesen, die zermürbende Gängelei durch verständnislose und künstlerisch ignorante Produzenten endlich hinter sich zu lassen. Nun aber schien er vom Regen in die Traufe geraten zu sein, denn Selznick zeigte sich kompromißlos, wenn es darum ging, seine eigenen, recht dezidierten Vorstellungen gegenüber dem bei ihm

Die Hauptstraße der «Traumfabrik»: der Hollywood Boulevard
in den dreißiger Jahren

angestellten Regisseur durchzusetzen. In der Filmbranche führte Selznick den doppelsinnigen Spitznamen «The Great Dictater»[124] («Der Große Diktierer»), weil er es sich zur Gewohnheit gemacht hatte, seinen Untergebenen mit umfänglichen Memos und zahllosen Aktennotizen nahezu jedes Detail der Produktion vorzuschreiben. Hiervon machte er auch bei einem anerkannten Regisseur wie Hitchcock keine Ausnahme. Noch Jahre später spottete der Regisseur: *Selznick pflegte mir die kunstvollsten Aktennotizen zu schicken. Ich bin vor ein paar Tagen gerade erst damit fertig geworden, eine von ihnen zu lesen.*[125]

Das Aufeinandertreffen der beiden monomanischen Filmemacher mußte unweigerlich zu Konflikten führen, wobei Hitchcock als der von Selznick Abhängige am kürzeren Hebel saß. Selznick verwarf den ursprünglichen Plan, das Schicksal der «Titanic» zu verfilmen, und wählte statt dessen einen Stoff der britischen Schriftstellerin Daphne du Maurier, derselben Autorin, nach deren Vorlage Hitchcock seinen letzten Film in England, *Jamaica Inn*, mehr schlecht als recht absolviert hatte.

David O. Selznick

Schon bei der Arbeit am Drehbuch zu *Rebecca (Rebekka)* kam es zu Reibereien zwischen ihm und Selznick. So hatte Hitchcock einen Schluß vorgesehen, den sein Produzent kurzerhand strich, weil er befürchtete, dadurch in Konflikt mit den prüden Moralkriterien der amerikanischen Filmzensur, dem sogenannten Hays-Code[126], zu geraten. Nach zahlreichen weiteren Scharmützeln zwischen Selznick und seinem Regisseur begannen im September 1939 die Dreharbeiten zu *Rebecca,* einem Film, der vor dem Hintergrund von Hitchcocks Wechsel nach Hollywood geradezu paradox anmutet: Der britische Regisseur, der nicht zuletzt deshalb in die USA geholt worden war, weil er in England dem Stil nach «amerikanische» Filme gedreht hatte, gab in Amerika seinen Einstand mit einem Werk, das im Hinblick auf die Vorlage, die Atmosphäre, den Schauplatz, die Handlung und selbst die Darsteller typisch «englisch» war.

Falls Selznick sich insgeheim ausgerechnet hatte, daß sein neuer Mitarbeiter mit einem «englischen» Film am besten zurechtkäme, ging sein Kalkül auf. *Rebecca* war Hitchcocks erster Film, der von der amerikanischen Filmakademie mit einem «Oscar» ausgezeichnet wurde – in der Kategorie «bester Film des Jahres», ein Preis, der an den Produzenten, nicht an den Regisseur geht. Nicht zuletzt beruhte die Qualität von *Rebecca* auf der schauspielerischen Leistung der Hauptdarsteller Joan Fontaine und Laurence Olivier. Der Film, der trotz der Zerwürfnisse zwischen Hitchcock und Selznick zu einem Erfolg geworden war, begeisterte den Regisseur aber nicht im mindesten. *Das ist kein Hitchcock-Film. Es ist eine Art Märchen, und die Geschichte gehört ins ausgehende neunzehnte Jahrhundert. Es ist eine ziemlich vorgestrige, altmodische Geschichte [...] ohne jeden Humor.*[127]

Dennoch machten sich schon bei *Rebecca* Veränderungen in Hitchcocks Stil, in seiner Erzählweise und der visuell-ästhetischen Gestaltung bemerkbar, die mittelbar mit seinem neuen Domizil und Arbeitsort zusammenhingen. Nicht nur, daß er in den USA dank der besseren finanziellen Ausstattung der Studios seine Projekte mit weit größerem technischen Aufwand realisieren konnte als in England (zum Beispiel verwendete er von nun an deutlich häufiger als zuvor kostspielige Kamerafahrten), so daß handwerklich ausgefeiltere Filme entstanden. Auch in der Handlungsmotivierung und der Charakterisierung der Personen trat ein Wandel ein. Ein Kritiker hat dies auf die griffige Formel gebracht: «Der Blick in den Abgrund (der Seele) wird von nun an zur beherrschenden Perspektive Hitchcocks überhaupt.»[128]

Tatsächlich gewinnt in den folgenden Jahren in Hitchcocks Filmen das Interesse an der Psychologie, an der mentalen Befindlichkeit der Figuren und den daraus resultierenden Bedrohungen und Ängsten immer mehr Bedeutung. Spielte in seinen britischen Filmen die psychologische Motivierung eine eher nebensächliche Rolle und war der Beweggrund des «Schurken» oder «Verbrechers» meist kruder materieller oder politischer Natur, somit verständlich und intersubjektiv nachvollziehbar, so gerät in den Filmen nach 1939 die Ordnung der bürgerlichen Welt nicht selten durch die psychische Deformation des Individuums in Gefahr – eines Individuums, das durchaus sympathische Züge trägt und das aufgrund seiner gestörten emotionalen Verfassung Opfer und Täter zugleich ist. *Das bedeutet, daß nicht alle Schurken schwarz sind und nicht alle Helden weiß.*[129]

Denn im Gegenzug nähert sich der Held seiner psychischen Disposition nach immer mehr dem «Bösen». Oft entscheidet nur noch der Zufall, wer von beiden zum Täter wird. Zuweilen geht dies, wie in dem 1950 entstandenen *Strangers on a Train (Verschwörung im Nordexpreß; Der Fremde im Zug)* so weit, daß der Täter nur das ausführt, was der Held sich insgeheim wünscht, wozu er aber aus moralischen Skrupeln, aus Feigheit oder Schwäche nicht fähig ist. Diese Verwobenheit von Gut und Böse, die bis zur Unkenntlichkeit verschwimmende Grenze zwischen Schuld und Unschuld macht die Bedrohung zu einem immanenten Bestandteil der Ordnung.

Das gespannte Verhältnis zu Selznick belastete Hitchcock sehr. Deutlichstes Zeichen hierfür war sein Körpergewicht. In den ersten zehn Wochen in Hollywood nahm Hitchcock 25 Pfund zu[130], und Ende 1939 wog er über 150 Kilo, mehr denn je zuvor.

Vermutlich waren es aber nicht allein die ständigen Kontroversen mit dem Produzenten, die ihm so zu schaffen machten, daß er sich in seine gewohnte Ersatzbefriedigung durch kulinarische Genüsse stürzte, son-

Gaststar als Komparse in seinen eigenen Filmen, hier in «Rebecca»: einer von Hitchcocks berühmten Kurzauftritten

dern auch die politische Entwicklung in Europa. Seit September 1939 stand England im Krieg, die deutsche Luftwaffe flog seither Angriffe gegen London und andere britische Städte. Hitchcock war besorgt um Leib und Leben seiner Mutter und seiner Geschwister, um so mehr, als er nicht selbst an Ort und Stelle war, um ihnen beizustehen. Es ist nicht bekannt, daß ihm Emma Hitchcock dies je zum Vorwurf gemacht hätte – im Unterschied zu einigen britischen Kollegen und Journalisten, die ihm vorhielten, in der Stunde der Not nicht in der Heimat zu sein und keinen Beitrag zu den Kriegsanstrengungen seines Landes zu leisten. Andererseits soll Winston Churchill die Meinung vertreten haben, es sei besser, wenn die britischen Filmschaffenden in Hollywood blieben und dort durch ihre Arbeit Sympathien für Englands Sache sammelten.[131]

Der für den Militärdienst gänzlich untaugliche Hitchcock reagierte gereizt auf diese Vorwürfe[132] und fuhr im Juni 1940 zurück in seine Heimat; aber nicht, um der britischen Regierung seine Dienste anzubieten, sondern um seine Mutter zu besuchen. Zu diesem Zeitpunkt hatte seine

Hollywood-Karriere bereits eine neue Richtung eingeschlagen, die ihn zwar von einem guten Teil Ärger mit Selznick befreite, andererseits aber zum Beginn eines ähnlich kurvenreichen Weges zu werden schien, den seine Laufbahn in England genommen hatte.

Nach durchaus üblicher Praxis der Hollywood-Studios hatte Selznick nämlich seinen Regisseur an andere Firmen ausgeliehen – für eine entsprechende «Leihgebühr», versteht sich. So kam es, daß Hitchcock seinen nächsten Film, *Foreign Correspondent (Mord)*, für den Produzenten Walter Wanger und das Studio United Artists drehte. Erzählt wird die Geschichte eines ausgekochten amerikanischen Reporters, der unmittelbar vor Beginn des Zweiten Weltkriegs nach Europa geschickt wird, um von dort über die politische Lage zu berichten. Bei seinen Recherchen deckt er auf, daß der hochangesehene Leiter einer internationalen Vereinigung von Pazifisten, in dessen Tochter sich der Reporter verliebt hat, in Wahrheit der Chef einer Gruppe von Nazi-Agenten ist.

In gewissem Sinn war *Foreign Correspondent* der Versuch einer Wiedergutmachung dafür, daß Hitchcock im sicheren Kalifornien lebte, während seine Landsleute im Krieg kämpften. Denn neben allen sonstigen patriotischen Ingredienzien schließt der Streifen mit einer Szene, die während eines deutschen Luftangriffs auf London spielt[133]: Von einem Rundfunkstudio aus hält der Reporter ein flammendes politisches Plädoyer an seine amerikanischen Mitbürger, alles in ihrer Macht Stehende zu unternehmen, um den Nazis Einhalt zu gebieten. Diese Szene wirkt dramaturgisch ähnlich deplaziert wie die emotional aufrüttelnde Rede von Chaplin am Schluß von «The Great Dictator» und ist wie diese der Kriegspropaganda geschuldet. So lobten denn auch das Magazin «Time» und die «New York Herald Tribune» *Foreign Correspondent* als «einen der besten Filme des Jahres»[134], der das Bewußtsein, sich zur Wehr setzen zu müssen, in den damals noch isolationistisch eingestellten USA wachrufe. Bewunderung für seine außergewöhnliche suggestive Qualität wurde dem Film auch von unerwünschter Seite gezollt: Reichspropagandaminister Joseph Goebbels, der sich regelmäßig ausländische Filmproduktionen vorführen ließ, um zu studieren, wie man das Kinopublikum manipulieren konnte, bezeichnete *Foreign Correspondent* als «ein erstklassiges Werk [...], das auf die breiten Volksmassen in den Feindländern Eindruck machen wird»[135].

Dennoch ist *Foreign Correspondent* kein politischer Agitationsfilm, sondern dreht sich im Kern um Hitchcocks *altes Thema: ein Unschuldiger wird in Abenteuer verwickelt.*[136] Daneben enthält der Film viele aus anderen Hitchcock-Werken schon bekannte Motive, so zum Beispiel den Konflikt zwischen Vater und Tochter und die Ernüchterung der Liebenden durch die Ehe.

Von dieser Ernüchterung sollte auch sein nächster Film handeln, der dem Typus nach eine Besonderheit darstellt im Gesamtwerk von Hitchcock: *Mr. and Mrs. Smith (Mr. und Mrs. Smith)* ist die einzige Screwball-Komödie, die Hitchcock jemals in Szene setzte. Zu dem Wagnis, sich an diesem ureigenen amerikanischen Genre des temporeichen, auf Wortwitz und frechen Dialogen basierenden Lustspiels zu versuchen, wurde er nach eigenem Bekunden von Carole Lombard überredet, mit der er eng befreundet war und die auch die weibliche Hauptrolle in *Mr. and Mrs. Smith* übernahm. Mit dieser ihm gänzlich fremden Art von Filmkomödie, die weniger von den Bildern als von Wortduellen lebt, kam Hitchcock erstaunlich gut zurecht, auch wenn *Mr. and Mrs. Smith* nicht an Klassiker des Genres wie etwa «Bringing up Baby» von Howard Hawks oder an die Arbeiten von Ernst Lubitsch heranreichte.

1941, in direktem Anschluß an *Mr. and Mrs. Smith*, entstand für das Studio RKO *Suspicion (Verdacht), sein zweiter englischer Hollywood-Film [...]: englische Schauspieler, englisches Milieu, englischer Roman.*[137] Das psychologische Zentralmotiv in *Suspicion*, das Mißtrauen zwischen zwei Menschen, die einander zugetan sind, verweist bereits auf die späte-

Dreharbeiten für «Suspicion», 1941: Hitchcock mit Joan Fontaine und Cary Grant

Die Universal Studios in Hollywood

ren Filme *Shadow of a Doubt (Im Schatten des Zweifels)* und *Spellbound (Ich kämpfe um dich)*.

Doch es war Hitchcock nicht möglich, kontinuierlich an Themen zu arbeiten, die ihn interessierten. Selznick lieh ihn nach *Suspicion* an die Universal aus, wo die beiden nächsten Arbeiten Hitchcocks entstanden. So folgte auf die delikate psychologische Studie mit britischem Ambiente der Agentenfilm *Saboteur (Saboteure)*, der seine Vorläufer in *Sabotage, The Thirty-nine Steps, The Secret Agent* und *Foreign Correspondent* hatte – und letztlich wieder ein Beitrag zu den amerikanischen Kriegsanstrengungen war.

Der patriotische Tenor von *Saboteur* – die USA waren inzwischen in den Krieg eingetreten – machte den Film zu einem Erfolg. Das kam auch dem Regisseur zugute, denn bei der Wahl des folgenden Projektes ließ die Universal Hitchcock freie Hand. Mit diesem Spielraum ausgestattet, wählte er einen Stoff, der ganz nach seinem Geschmack war, verpflichtete mit Thornton Wilder einen hochrangigen Drehbuchautor und erlaubte sich, gleich gegen mehrere bis dahin unumstößliche Hollywood-Regeln zu verstoßen. Zum einen drehte er den Film nicht wie üblich hauptsächlich im Studio mit nachgebauter Kulisse, sondern arbeitete vornehmlich an Originalschauplätzen, nämlich in Santa Rosa, einem

«Shadow of a Doubt», 1943. Links Joseph Cotten in der Rolle des Witwenmörders Charlie Oakley

kleinen Ort in Kalifornien. Außerdem engagierte er für die Rolle des Schurken – der Protagonist ist ein Witwenmörder – einen «positiv» besetzten Star, nämlich Joseph Cotten, der bislang noch keinen Verbrecher gespielt hatte. Das entsprach dem Kalkül des gesamten Films, denn hier zeichnet Hitchcock erstmals den Verbrecher als charmanten und durchaus angenehmen Zeitgenossen, mit dem man sich identifizieren kann. *Shadow of a Doubt* handelt von einem Mörder, der auf der Flucht vor der Polizei bei der Familie seiner Schwester in einer Kleinstadt untertaucht und dort als weltgewandter und wohlhabender Bürger aufgenommen wird. Seine Nichte, die ihn bewundert und sich ihm wesensverwandt fühlt, entdeckt schließlich sein Geheimnis, liefert ihn aber nicht der Polizei aus, sondern tötet ihn in Notwehr.

Shadow of a Doubt, der zu Hitchcocks Lieblingsfilmen zählte[138], ist ein streng stilisierter Film nach dem Prinzip der «Duplizität der Ereignisse und Bilder. [...] Jede Person hat eine Gegenfigur, jedes Bild ein ergänzendes Gegenbild.»[139] Dies beginnt schon bei den beiden Hauptpersonen, dem Mörder und seiner Nichte, die beide den Vornamen Charlie tragen, und setzt sich fort bis zum doppelten Auftreten der Polizisten. In dieser dichotomischen Welt scheinen auf den ersten Blick Gut und Böse klar voneinander geschieden. Das gilt aber nur so lange, wie nichts Außergewöhnliches das Leben der intakten Kleinfamilie in dem beschaulichen Provinznest stört. Denn im Aufeinandertreffen der beiden Charlies verwischt sich die Scheidelinie zwischen Schuld und Unschuld. Schließlich bringt die als Inbegriff moralischer Lauterkeit typisierte Nichte – wenngleich wider Willen – einen Menschen um. In *Shadow of a Doubt* kündigt sich an, was Hitchcock exemplarisch in dem acht Jahre später entstandenen *Strangers on a Train* darstellte und was Chabrol und Rohmer als «Schuldübertragung»[140] bezeichneten: Der vermeintlich Unschuldige partizipiert durch Kontakt mit dem Schuldigen an dessen Verwerflichkeit, Gut und Böse werden zu zwei Seiten ein und derselben Medaille.

War *Shadow of a Doubt* gleichsam eine Versuchsanordnung zur Analyse der Verflochtenheit von Moralität und Verbrechen, so stellte Hitchcocks nächster Film, der im Auftrag der 20th Century Fox entstand, vor allem in ästhetischer und technischer Hinsicht eine Herausforderung dar. Die gesamte Handlung von *Lifeboat (Das Rettungsboot)* nämlich, zu dessen Drehbuch John Steinbeck die Vorlage lieferte, spielt auf einem im Atlantik treibenden Ruderboot. Auf dieses haben sich neun Menschen gerettet, deren Schiff von der deutschen Kriegsmarine torpediert wurde. In ihren unterschiedlichen Charakteren und ihrer sozialen Stellung repräsentieren sie einen *Mikrokosmos des Krieges.*[141] Es war gewagt, einen ganzen Film auf nur einem einzigen, noch dazu sehr eng begrenzten Schauplatz spielen zu lassen. Hitchcock schien dieses Risiko aber wenig zu beeindrucken, weil er der Überzeugung war, daß ohnehin bei jedem *psychologischen Film [...] achtzig Prozent der Gesamtlänge [...] aus Großaufnahmen oder Beinahe-Großaufnahmen*[142] bestehen.

Das bühnenhafte Szenarium war denn auch weniger prekär als vermutet, und nicht die für das Kino untypische Einheit des Ortes, sondern die Handlung des Films geriet ins Kreuzfeuer der Kritik. Von Hitchcock war ein eindeutig pro-amerikanischer Beitrag erwartet worden, statt dessen lieferte er ein differenziertes Bild der in ihrem Verhalten und ihren Interessen sehr unterschiedlichen Menschen. Das Geschehen kulminiert in einer Tat, die als gemeinschaftlicher Mord verstanden werden kann – denn alle machen sich schuldig, ausgenommen der einzige Schwarze an Bord, der auch sonst stets seine Menschlichkeit bewahrt.

Besonders heftig kritisiert wurde Hitchcock, weil er den deutschen Kapitän Willy, dessen wahre Identität erst später entdeckt wird, als klug handelnden Menschen darstellt. Er ist zumindest seemännisch und planerisch sämtlichen Amerikanern an Bord überlegen und übernimmt des-

Szene aus «Lifeboat», 1943

halb das Kommando. Daß Hitchcock diesen Nazi-Offizier qualifizierter und entschlußfreudiger erscheinen läßt als die Repräsentanten der amerikanischen Demokratie, nahm ihm beispielsweise die Kritikerin Dorothy Thompson so übel, daß sie dem Film *in ihrer Kolumne zehn Tage Zeit [gab], die Stadt zu verlassen.*[143]

Hitchcock bestritt, die Vorwürfe wegen *Lifeboat* wären ihm so nahe gegangen, daß er seine beiden nächsten Arbeiten eindeutig in den Dienst der Alliierten stellte. Jedenfalls beschäftigte er sich für den Rest des Jahres 1944 mit der Produktion von zwei kurzen Propagandafilmen, die im Auftrag des britischen Informationsministeriums in London gedreht wurden. Diese beiden halbstündigen Streifen, *Bon Voyage* und *Adventure Malgache,* stellen die Leistungen der französischen Résistance heraus, sind aber von keinerlei künstlerischem Wert und wurden, soweit bekannt, niemals öffentlich vorgeführt.[144]

Seinen neuerlichen Aufenthalt in England nutzte Hitchcock nicht nur, um den Kriegsanstrengungen Tribut zu zollen, er suchte dort auch nach einem geeigneten Stoff für einen Film über Psychotherapie. Er hatte nämlich erfahren, daß Selznick sich mit dem Gedanken trug, demnächst einen Streifen zu diesem Sujet drehen zu lassen. Deshalb wollte sich Hitchcock die Rechte an der in Frage kommenden Buchvorlage sichern, um sie mit Gewinn an seinen Produzenten zu verkaufen. Seine Rechnung ging auf: Aus dem 1927 erschienenen Roman «The House of Dr. Edwardes» von Francis Beeding entstand in Zusammenarbeit mit Ben Hecht und Angus MacPhail – den bevorzugten Drehbuchautoren von Selznick – das Script zu *Spellbound*.

Es war Hitchcocks Ehrgeiz, beim *ersten Psychoanalyse-Film*[145] selbst Regie zu führen. Selznick kam dies sehr gelegen. Einerseits waren die Theorien Sigmund Freuds seit dem 1941 uraufgeführten Musical «Lady in the Dark» in den USA zu einem Modethema geworden, andererseits suchte Selznick nach einem passenden Stoff für seinen neuerworbenen Star Gregory Peck und die von ihm «entdeckte» Ingrid Bergman. Mit hohem technischem Einsatz und der Selznick eigenen Akribie fürs Detail wurde der Film vorbereitet. Die strategische Planung ging so weit, daß mit Hilfe von Meinungsumfragen versucht wurde, den Titel auszuwählen, der die höchste Publikumswirksamkeit versprach.[146] Für die Gestaltung der Traumsequenzen verpflichtete man den spanischen Surrealisten Salvador Dalí, und der ungarische Komponist Miklós Rózsa entwickelte eigens für diesen Film ein neuartiges Instrument, das «Ätherophon», dessen ätherisch-unwirkliche Klänge der Psychose der Hauptfigur die passende akustische Untermalung geben sollten (wofür Rózsa auch einen «Oscar» erhielt). *Spellbound,* im Grunde eine banale Liebesgeschichte in psychoanalytischer Verkleidung, hatte viele Schwachstellen: *alles ist einfach zu kompliziert, und die Erklärungen am Schluß sind zu konfus.*[147] Und trotz des hohen finanziellen und technischen Aufwandes geriet der Film zu einem recht holzschnittartigen Bild der Möglichkeiten psychoanalytischer Behandlung; immerhin wurde er aber zu einem Kassenerfolg.

Mit Ingrid Bergman hatte Hitchcock eine ihm ideal erscheinende Besetzung gefunden, und es dauerte nicht lange, bis er für die schwedische Schauspielerin mehr als nur berufliches Interesse entwickelte – wobei er allerdings auf wenig Resonanz stieß. Ingrid Bergman entsprach vollkommen seiner klischeehaften Vorstellung der kühlen, aber äußerst attraktiven Blondine, die hinter ihrer Fassade der Distanziertheit einen Vulkan an Leidenschaft verbirgt.

Auch in der folgenden Produktion, dem 1946 uraufgeführten Spionage- und Liebesfilm *Notorious (Weißes Gift; Berüchtigt)*, übernahm die Bergman die weibliche Hauptrolle: Während Hitchcock und Ben Hecht am Drehbuch arbeiteten, das Anspielungen auf den Bau einer deutschen Atombombe enthielt, endete in Europa der Zweite Weltkrieg. Das *Prinzip des Films* war ziemlich einfach: *die Heldin – Ingrid Bergman – mußte sich in Begleitung des FBI-Agenten Cary Grant nach Lateinamerika begeben, in das Haus einer Nazigruppe eindringen und herausbekommen, was*

Cary Grant und Ingrid Bergman in «Notorious», 1946

dort geschah.[148] Vor diesem Hintergrund entwickelt Hitchcock die perfide Geschichte einer Frau, die von zwei Männern geliebt wird, selbst aber nur den einen liebt, von dem sie jedoch – aus «übergeordnetem Interesse» – gezwungen wird, den anderen zu heiraten. *Ich wollte einen Film über einen Mann machen, der eine Frau zwingt, mit einem anderen Mann ins Bett zu gehen, weil das seine professionelle Pflicht ist. Der politische Aspekt der Sache interessierte mich nicht besonders [...].*[149]

Notorious wurde «eine filmische Liebeserklärung an die Bergman»[150], denn die romantischen Gefühle, die Hitchcock gegenüber seiner Hauptdarstellerin hegte, beschäftigten ihn sehr; in aller Öffentlichkeit erzählte er eine vermutlich rein erfundene Geschichte darüber, wie heftig ihn die Schauspielerin sexuell bedränge.[151]

Selznick, der *Notorious* als Paket, das heißt Regisseur, Drehbuch und Darsteller inbegriffen, an das Studio RKO verkauft hatte, produzierte den Film, bei dem Hitchcock laut Vertrag letztmalig für ihn Regie führen mußte, wieder selbst. Bei den Vorbereitungen und Dreharbeiten zu *The Paradine Case* (*Der Fall Paradin;* 1947) steigerten sich die Differenzen zwischen Regisseur und Produzent noch einmal. Hitchcock hielt die von

Selznick engagierte Hauptdarstellerin Alida Valli für eine krasse Fehlbesetzung, und das Drehbuch lieferte Selznick – der mit der parallel stattfindenden Produktion von «Duel in the Sun» Probleme hatte – erst während der Dreharbeiten und nur portionsweise. Trotz des Aufgebots an Stars (Gregory Peck, Ann Todd und Charles Laughton), der aufwendigen Ausstattung – der Gerichtssaal von Old Bailey wurde originalgetreu im Atelier nachgebaut –, der ausgezeichneten Fotografie (die Gerichtsszenen wurden mit vier Kameras gleichzeitig gedreht), der exzellenten Filmmusik von Franz Waxman und der langen Produktionszeit von einem dreiviertel Jahr wurde aus *The Paradine Case* ein wenig überzeugender Film, der holprig und zusammengeflickt wirkte. Selznick erlebte ein finanzielles Fiasko, denn bei Publikum und Kritik fiel der Streifen völlig durch.[152]

«The Paradine Case», 1947: Szene im Gerichtsaal von Old Bailey, der im Hollywood-Studio nachgebaut wurde. Die Rolle des Richters spielte Charles Laughton

Experiment und Routine

Hitchcock hatte sich lange genug am Gängelband von Selznick bewegt. Die Angebote des Produzenten, seinen Vertrag zu verlängern, sein Honorar aufzustocken und ihm bessere Konditionen einzuräumen, lockten ihn nicht mehr. Er hegte andere Pläne.

In den zurückliegenden sieben Jahren hatte Hitchcock, was die Sujets seiner Filme anging, einen Zickzackkurs absolviert – vom Melodram über die Screwball-Komödie und den Propagandastreifen bis hin zum Spionage- und Gerichtsfilm –, und oft waren ihm die Stoffe und Darsteller von dem jeweiligen Studio aufgedrängt worden. Nach seinen Erfolgen im Stumm- und im britischen Tonfilm hatte er nun in Hollywood zum drittenmal Karriere gemacht, unter günstigeren Bedingungen zwar als in England, weil er inzwischen als versierter Fachmann anerkannt war, aber immer noch um den Preis zu vieler Zugeständnisse an die Verwertungsinteressen der Filmindustrie.

Im Hinblick auf sein Privatleben waren es Jahre des Verlustes gewesen. Am schlimmsten hatte ihn der Tod seiner Mutter und seines Bruders getroffen, die kurz nacheinander in England gestorben waren. Im Sommer 1942, während der Dreharbeiten zu *Shadow of a Doubt,* hatte Hitchcock die Nachricht erhalten, daß Emma Hitchcock im Koma lag. Er konnte und wollte die Dreharbeiten nicht im Stich lassen, außerdem standen er und Alma in diesen Wochen mitten in den Kaufverhandlungen für ihr zweites Haus, das sie in Scotts Valley in Santa Cruz erwarben. Als Emma Hitchcock mit 79 Jahren am 26. September 1942 an Nierenversagen starb, waren nur ihr Sohn William und der Arzt anwesend.

Kaum hatte Hitchcock den Schock überwunden, erhielt er im Januar 1943 die Nachricht, daß sein Bruder William in London unter nicht geklärten Umständen ums Leben gekommen war. Der Totenschein verzeichnete «Herzversagen»; manches läßt jedoch darauf schließen, daß William Hitchcock Selbstmord begangen hat.[153] Zu seinem älteren Bruder, der beruflich in die Fußstapfen des Vaters getreten war, hatte Hitchcock zwar nie besonders engen Kontakt gepflegt. Aber William war neben seiner Schwester in England immerhin sein nächster Verwandter gewesen, und ihn plagten Schuldgefühle, daß er nicht nach England gereist war, weder als seine Mutter im Sterben lag noch unmittelbar nach dem Tod seines Bruders.

Zur selben Zeit trennte sich – zumindest räumlich – seine Tochter von ihm. Patricia Hitchcock, eigensinnig wie ihr Vater und nunmehr fast volljährig, hatte sich für den Beruf der Schauspielerin entschieden und bereits erste Offerten erhalten. In der Hauptrolle des Broadway-Stücks «Solitaire», die ihr der Dramatiker John van Druten angeboten hatte, gab sie ein glänzendes Bühnendebüt. Die Entscheidung seines einzigen Kindes, diese Laufbahn einzuschlagen und das elterliche Haus zu verlassen, mißfiel Hitchcock um so mehr, als er über die Schauspielerei insgesamt keine gute Meinung hegte und sich einmal sogar zu der Äußerung verstieg, Schauspieler seien samt und sonders nichts anderes als Vieh[154] – das von seinem Hirten, dem Regisseur, angeleitet werden müsse.

Als problemfreier Ort des Privatlebens ging ihm die Familie immer mehr verloren. Hinzu kam, daß – wie allgemein bekannt war – seit geraumer Zeit zwischen ihm und seiner Frau, die zugleich seine wichtigste Mitarbeiterin und Ideengeberin war, nur noch ein platonisches Verhältnis bestand. *Bei den meisten verheirateten Paaren beginnt im Verlauf des Zusammenlebens, nach etwa fünf oder sechs Jahren, «jenes alte Gefühl» zu schwinden. Essen nimmt oft den Platz von Sex in einer Beziehung ein.*[155] So verwundert es nicht, daß Hitchcock, der seit Kindestagen übergewichtig war, Anfang 1943 fast 300 Pfund wog. Noch im selben Jahr unterzog er sich einer drastischen Abmagerungskur, dank derer sich sein Gewicht auf unter 200 Pfund reduzierte.[156] Aus seiner Abhängigkeit vom Alkohol, den er in großen Mengen konsumierte, konnte er sich indes nicht befreien.

In dieser Krise der Lebensmitte entschloß sich Hitchcock, endlich beruflich unabhängig zu werden. Zusammen mit Sidney Bernstein, der in Großbritannien eine Kinokette betrieb, gründete er 1946 eine eigene Produktionsgesellschaft, Transatlantic Pictures, mit – dem Namen angemessen – Sitz in London und New York. Schon mit seinem ersten selbst produzierten Film, *Rope (Cocktail für eine Leiche)*, wollte Hitchcock dem Publikum und der Branche beweisen, zu welchen Leistungen er in der Lage war, wenn er nur freie Hand hatte.

Es wurde ein Einstand mit Aplomb. Nach vierunddreißig Arbeiten in Schwarzweiß war *Rope* Hitchcocks erster Farbfilm – in Technicolor. Aber noch spektakulärer war die intellektuelle Konzeption des Werks: Formal wie auch inhaltlich bestimmte das Prinzip der Reduzierung, Verdichtung und Konzentration den Film; er wurde zu einem Experiment. Seit der Inszenierung von *Lifeboat* hatte sich Hitchcock mit der Idee getragen, ein Werk zu schaffen, in dem nach klassischem antikem Muster die Einheit des Ortes streng gewahrt blieb. Mehr noch: Entgegen allen herkömmlichen filmischen Regeln sollte *Rope* ein Film werden, der ohne erkennbaren Schnitt aus einer einzigen Einstellung zu bestehen schien. Da die Filmspulen der Kamera jedoch keine längere Drehzeit als jeweils zehn Minuten zuließen, mußte er verschiedene optische Tricks anwenden, um die Illusion zu erwecken, der gesamte Streifen sei ohne Unterbrechung an einem Stück aufgenommen worden. *Natürlich habe ich große Schwierigkeiten gehabt, das alles so zu machen, und nicht nur wegen der Kamera. [...] Ein anderes technisches Problem war die zwangsläufige Unterbrechung am Ende jeder Rolle. Das habe ich gelöst, indem ich jedesmal jemand vor der Kamera hergehen ließ, so daß es in dem Augenblick dunkel war. So endete eine Rolle mit der Großaufnahme einer Jacke, und die nächste begann wieder mit derselben Großaufnahme der Jacke.*[157] Die Studiobauten – der Film spielt in einem New Yorker Apartment – wurden so konstruiert, daß die Kamera durch sie hindurchgleiten konnte. Den Darstellern wurde ein Höchstmaß an Konzentration abverlangt, mußten sie doch jeweils zehn Minuten ohne Pause agieren, eine Zeitdauer, die bei weitem alles übertraf, was sonst bei Filmaufnahmen üblich war. Gewöhnlich dauerten die Einstellungen nicht länger als eine halbe Minute.

Für die enorme Summe von 300 000 Dollar, das war ein Fünftel des Gesamtbudgets von *Rope,* hatte Hitchcock den sehr populären James Stewart für die Hauptrolle verpflichtet, die einzig sichere Karte in diesem technisch wie inhaltlich gewagten Spiel. Denn dem experimentellen Charakter der filmischen Form entsprach der provokante Inhalt[158]: Zwei junge, offenbar homosexuelle Studenten erwürgen einen Kommilitonen, verstauen seine Leiche in einer Truhe und drapieren auf dieser die Utensilien für eine Cocktailparty. Eingeladen sind die Eltern des Ermordeten, seine ehemalige Verlobte und schließlich auch der Professor, auf dessen philosophische Theorien ihr irrsinniger Plan zurückgeht – den perfekten, weil gänzlich grundlosen Mord durchzuführen. Zwischen James Stewart (dem Professor) und den beiden Tätern entwickelt sich ein anspielungs-

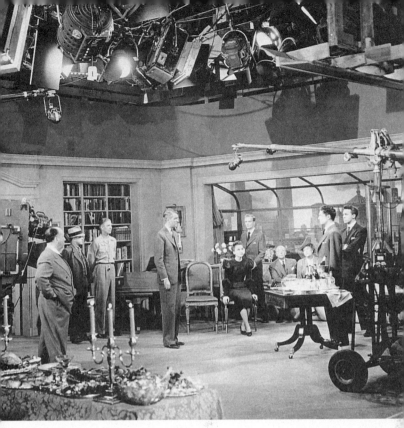

Dreharbeiten für «Rope», 1948

reicher, intellektuell wie emotional unerbittlich geführter Disput, an dessen Ende das Verbrechen aufgedeckt wird.

Ein solches in Kammerspielmanier inszeniertes Dialogstück um eine letztlich akademische Frage war wohl das, was man von Hitchcock am wenigsten erwartet hatte. Auch wenn er sich später von dem formal revolutionären und kopflastigen Werk distanzierte, bereitete es ihm doch während der Arbeit großes Vergnügen, endlich einmal ausgiebig experimentieren und neue technische Verfahren erproben zu können. Auch stilistisch wagte er Neues – die Einstimmung des Publikums erfolgte auf ungewohnte Weise: Hitchcock zeigte erstmals einen Mord in all seiner schockierenden Brutalität, und dies auch noch in der Eröffnungssequenz. Die Grausamkeit des Verbrechens steht zudem in hartem Kontrast zum geschliffen-intellektuellen beziehungsweise höflich-besonnenen Umgangston, den die Akteure pflegen.

Mit *Rope,* der im Grunde brillant abgefilmtes Theater ist, gelang Hitchcock ein Paradox: unter Einsatz ausgefeiltester Filmtechnik ein unfilmisches, weil bühnenhaftes Werk zu schaffen. Sein ambitioniertes Unterfangen stieß bei Kritik und Publikum auf Reaktionen, die von Zurückhaltung bis zu heftiger Ablehnung reichten. Einige Kinobetreiber in Europa verlangten von der Verleihfirma Ersatzfilme, um die erbosten Zuschauer wieder zu besänftigen.[159] Immerhin spielte *Rope* nicht nur seine Produktionskosten ein, sondern erbrachte auch einen bescheidenen Gewinn.

Dies läßt sich von der zweiten Produktion der Transatlantic Pictures, *Under Capricorn (Sklavin des Herzens),* nicht sagen. Auch dieser für Hitchcock atypische Film brüskierte die Erwartungen des Publikums, zumal er genau dem Genre entsprach, das Hitchcock stets am meisten zuwider gewesen war: ein melodramatischer Kostümfilm mit *wenig Humor*[160]. *Under Capricorn* spielt im Australien des 19. Jahrhunderts und erzählt die verwickelte Liebesgeschichte einer Frau, die von zwei Männern umworben wird. Angeblich ließ sich Hitchcock nur Ingrid Bergman zuliebe auf dieses schwerfällige Thema ein. *Ich hatte eine Story für Ingrid Bergman gesucht, und ich glaubte sie gefunden zu haben. Ich hatte genau überlegt, nie*

86

Marlene Dietrich und Alfred Hitchcock während der Dreharbeiten zu «Stage Fright», 1949

hätte ich mich sonst für einen Kostümfilm entschieden; ich habe auch nie wieder einen gedreht.[161] Hitchcocks Kalkül, das durch seine private Leidenschaft für seinen Star getrübt war, ging nicht auf. *Damals war Ingrid der größte amerikanische Star [...]. Alle amerikanischen Produzenten rissen sich um die Bergman, und ich muß gestehen, daß ich irrtümlicherweise*

glaubte, Ingrid Bergman zu bekommen sei für mich das Wichtigste. [...]
Mein Verhalten in der ganzen Sache war falsch und geradezu kindisch.
Wenn es auch kommerziell von Vorteil war, daß sie mitspielte, machte es
den Film doch so teuer, daß das Unternehmen nicht mehr vernünftig
war.[162]

Der *Spezialist für Suspense und Thriller*[163] enttäuschte sein Publikum,
weil er diesmal *weder das eine noch das andere*[164] bot. Im «*Hollywood*
Reporter» stand: «Einhundertundfünf Minuten wartet man in diesem Film
auf die erste Gänsehaut»[165] – mit anderen Worten: bis zehn Minuten vor
dem Ende. Letztlich stürzte Hitchcock seine Eitelkeit, sich mit einem
umschwärmten Star zu schmücken, in ein finanzielles Desaster. Die Produktionsfirma Transatlantic Pictures wurde aufgelöst. Hitchcock verpflichtete sich daraufhin bei der Warner Brothers Company, die bisher
schon den Verleih für Transatlantic übernommen hatte.

Nach diesem eklatanten Fehlschlag versuchte Hitchcock, sich wieder
auf ein sicheres filmisches Terrain zu begeben. Er wählte einen Stoff, der
ihm bereits aus einer früheren Arbeit – *Murder!* – vertraut war, einen
Mordfall im Schauspieler- und Theatermilieu von London. Für die weiblichen Hauptrollen in *Stage Fright (Die rote Lola)* engagierte er zwei zugkräftige Namen, die das Publikumsinteresse wecken sollten: Marlene
Dietrich, die kurz zuvor in «A Foreign Affair» von Billy Wilder brilliert
hatte, und Jane Wyman, die Oscar-Preisträgerin des vergangenen Jahres.
Später, als der Film bei Presse und Publikum duchgefallen war, klagte
Hitchcock, einem grundlegenden Irrtum bei der Wahl des Themas aufgesessen zu sein. Auf die Frage von François Truffaut, warum denn gerade
«ein kleiner englischer Krimi in der Agatha Christie-Tradition», eben
«einer von diesen Whodunits, mit denen Sie sonst nichts zu tun haben
wollen»[166], die Vorlage für einen Film habe liefern müssen, antwortete er:
Das Buch war kurz zuvor erschienen, und verschiedene Kritiker hatten in
ihren Besprechungen geschrieben: «Dieser Roman ergäbe einen guten
Hitchcock-Film.» Und ich habe sie wie ein Idiot beim Wort genommen.[167]

Stage Fright krankte aber nicht so sehr an der Vorlage als an der – ge-
messen an Hitchcocks Suspense-Technik – mißlichen Darbietung des
Themas. Denn dem Zuschauer wurde eine «optische Lüge» aufgetischt:
In der Eingangssequenz erzählt der von der Polizei Verfolgte seine Version des Mordes; diese Geschichte wird durch eine Rückblende illustriert, aus der zweifelsfrei hervorgeht, daß nicht er, sondern seine
Geliebte die Tat begangen hat. Erst am Schluß des Films erfährt das Publikum die Wahrheit – er ist doch der Mörder und hat von Anfang an
gelogen. Nun hat zwar das Kunstmittel der Rückblende, in der einer der
Akteure seine subjektive (und möglicherweise lügenhafte) Sicht der
Dinge präsentiert, spätestens seit Robert Wienes «Das Cabinet des

Dr. Caligari» (1920) filmgeschichtliche Tradition; und im Entstehungsjahr von *Stage Fright*, 1950, inszenierte Akira Kurosawa mit «Rashomon» einen Film, der gänzlich auf diesem Prinzip basiert. Doch Hitchcock hatte mit seiner *Rückblende, die eine Lüge war*[168] sein bisheriges Suspense-Prinzip ins genaue Gegenteil verkehrt: Wenn Suspense darauf beruht, daß das Publikum me h r weiß als die Personen auf der Leinwand, so bewirkt die Rückblenden-Lüge, daß der Zuschauer vermeintlich denselben Informationsstand besitzt wie der Held, aber in Wirklichkeit we n i g e r weiß. Die Enthüllung der Wahrheit am Ende des Films sorgt zwar für Überraschung, diese kann aber nicht den relativ spannungslosen Mittelteil des Films aufwiegen, in dem es darum geht, ob nun der (vermeintlich) Unschuldige gefaßt wird oder nicht. *Stage Fright* war eine blamable dramaturgische Fehlkonstruktion.

Als Hitchcock Ende des Jahres 1949 von London, wo *Stage Fright* entstanden war, nach Hollywood zurückkehrte, hatte er zum erstenmal seit langer Zeit keine konkreten Pläne für die nächste Zukunft. Der Versuch, sich als sein eigener Produzent zu etablieren, war kläglich gescheitert; seine filmischen Experimente hatten ihm nicht die erhoffte Anerkennung eingebracht; und seit *Notorious* war keines seiner Werke mehr zu einem Kassenschlager geworden.

Dennoch stand Hitchcock finanziell so gesichert da wie noch nie. Durch geschickte Geldanlagen in Aktien und Immobilien war er mittlerweile zu einem reichen Mann geworden. Werbewirksame Auftritte in Radio-Shows, an Universitäten und bei sonstigen öffentlichen Veranstaltungen hatten ihn als Person so bekannt gemacht wie kaum einen anderen Regisseur seiner Zeit, was wiederum seine Position bei den Honorarverhandlungen mit seinen Auftraggebern stärkte.

Um sein emotionales Befinden hingegen war es wesentlich schlechter bestellt, wie die dramatische Zunahme seines Körpergewichts auf eine neue Rekordhöhe zu erkennen gab. Seine exzessiven Eß- und Trinkgewohnheiten waren inzwischen schon legendär geworden.

Im Frühjahr 1950 wurde er auf das Erstlingswerk einer jungen amerikanischen Autorin aufmerksam, das ihm eine gute Filmvorlage abzugeben schien. Für eine geringe Summe kaufte er Patricia Highsmith die Rechte an ihrem Buch «Strangers on a Train» ab und begab sich auf die Suche nach einem Autor, der ihm aus diesem Roman ein erstklassiges Drehbuch schreiben könnte. Er war entschlossen, sein nächstes Projekt nicht wieder in einem Reinfall enden zu lassen, und setzte deshalb statt auf waghalsige Experimente lieber auf die *Philosophie des «run for cover»*[169] – das heißt, er suchte nach bekannten und bewährten Mustern, die Erfolg versprachen. Der stark psychologisierende Roman um einen geisteskranken Mörder kam ihm daher sehr gelegen.

Raymond Chandler

Zwar gelang es ihm nicht, Dashiell Hammett als Drehbuchautor zu gewinnen, doch der ebenfalls filmerfahrene Raymond Chandler, wie Hammett auf wirklichkeitsnahe Thriller spezialisiert, sagte zu. Allerdings verlief die Zusammenarbeit nicht sehr glücklich. Chandler hielt die literarische Vorlage für logisch unzureichend und insgesamt für zu unglaubhaft, weshalb es ihm erhebliche Schwierigkeiten bereitete, sie in ein brauchbares Drehbuch umzuformen. Hitchcock habe, schrieb Chandler in einem Brief, «ein starkes Gespür für Bühnenwirksamkeit, für Stimmung und Hintergrund, weniger aber für den eigentlichen Gehalt der Sache. Ich glaube, daran liegt es auch, daß manche seiner Filme logisch aus den Fugen geraten [...].»[170] Obwohl er diese Arbeit als «ziemlich albern und eine rechte Plage»[171] empfand, gab er sich redlich Mühe, doch Hitchcock war keineswegs zufrieden mit dem Ergebnis: *Ich saß neben ihm und suchte eine Idee, und dann sagte ich: «Weshalb machen wir es nicht so?» Und er antwortete: «Na, wenn Sie selbst die Lösungen finden, wozu brauchen Sie mich dann noch?»*[172] Den beiden Spezialisten für Spannung, jeder ein Meister auf seinem Gebiet, gelang es nicht, eine gemeinsame Linie zu finden. *Die Arbeit, die er gemacht hatte, war nicht gut [...].*[173]

Vieles in *Strangers on a Train* erinnert an *Shadow of a Doubt.* Die Highsmith-Adaption ist ein streng nach dem Muster der Parallelität und Dualität[174] stilisiertes Werk und wiederholt so das aus *Shadow of a Doubt* bekannte Prinzip der Doppelung. Die duale Perspektive reicht bis zur schnitttechnischen Gestaltung – es werden häufig Parallelmontagen gezeigt – und bestimmt sogar den obligatorischen Kurzauftritt des Regisseurs im Film: Hitchcock steigt mit einem Kontrabaß im Arm aus dem Zug, Mensch und Instrument gleichen sich auffällig in ihren Konturen.

Die Handlung basiert auf einer konfliktträchtigen Konstellation: Zwei Menschen werden durch ihr gemeinsames Wissen um ein Verbrechen aneinandergekettet, ein Motiv, das Hitchcock von seinen frühen englischen Filmen bis hin zu *Rope* immer wieder bearbeitet hatte. Es ist eine Variation des seit der Romantik bekannten Themas der in zwei Verkörperungen gespaltenen Persönlichkeit, klassisch ausgeformt in Robert L. Stevensons «Dr. Jekill und Mr. Hyde».

Trotz der teilweise recht schwachen Dialoge und der nicht optimalen Besetzung einer der beiden männlichen Hauptrollen mit Farley Granger gelang es Hitchcock, einen atmosphärisch dichten und spannenden Film zu inszenieren, der ihm nach langer Zeit wieder einmal großes Lob einbrachte.

Eine in *Strangers on a Train* angeschnittene Frage ist die der Schuldübertragung, das heißt des Schuldigwerdens durch Mitwisserschaft, ein moralisches wie religiöses Problem, das den katholisch erzogenen Hitchcock immer schon interessiert hatte. Dies mag auch der Grund gewesen sein, warum er sich von dem französischen Regisseur Henri Verneuil zu dem Film *I Confess (Ich beichte; Zum Schweigen verurteilt)* anregen ließ, dessen Sujet überhaupt nicht in das bis dahin gewohnte Hitchcock-Bild paßte. Die Geschichte handelt von einem katholischen Priester in Quebec, der des Mordes an einem Erpresser angeklagt wird. Der Priester kennt zwar den wirklichen Täter, kann und will dessen Identität aber nicht preisgeben, weil er durch das Beichtgeheimnis gebunden ist. Wie in *Strangers on a Train* stehen der Mörder und der Unschuldige in enger Verbindung zueinander und verkörpern letztlich zwei konträre Seiten ein und derselben Person. Eine weitere Konfliktebene kommt hinzu, die Verantwortung des Priesters gegenüber Justiz und Gesellschaft auf der einen und Kirche und Gott auf der anderen Seite. Dieses Loyalitätsproblem war zumindest für nichtkatholische Zuschauer schwer nachvollziehbar. *Und in «I Confess» wissen wir Katholiken, daß ein Priester ein*

Bei den Dreharbeiten für «Strangers on a Train», 1951.
Hitchcock mit seiner Tochter Patricia, die in dem Film mitspielte

Beichtgeheimnis nicht preisgeben darf, aber die Protestanten, die Andersgläubigen und die Agnostiker denken: «Es ist doch lächerlich zu schweigen, das gibt es doch nicht, daß jemand dafür sein Leben opfert.»[175] Aus diesem Grund und wegen seiner durchgängig düsteren, bedeutungsschweren Atmosphäre, meinte Hitchcock, habe der Film beim Publikum wenig Begeisterung geweckt. Als Anfang 1953 *I Confess* in den Kinos anlief und die Kritik kaum ein gutes Wort für dieses Werk übrig hatte, fand Hitchcock seine Vermutung bestätigt, daß cineastisch ambitionierte Filme, die ihm persönlich sehr am Herzen lagen, oft eklatante Mißerfolge wurden, wohingegen leicht und schnell inszenierte Gelegenheitsarbeiten nicht selten auf breite Zustimmung stießen.

Diese Regel sollte sich ein weiteres Mal bewahrheiten. Im Frühsommer 1953 begannen die Aufnahmen zu *Dial M for Murder (Bei Anruf Mord)*. Für Hitchcock war es *wieder einmal «run for cover»*[176]. Als Vorlage diente ein Theaterstück, *das am Broadway sehr erfolgreich gewesen war [...]. Da habe ich sofort gesagt: «Das nehme ich!», damit ging ich auf Nummer Sicher.*[177]

Wohl um das Bild des routinierten Filmemachers zu bestätigen, tat Hitchcock später die Dreharbeiten als bloße technische Fingerübung ab. Angeblich stammt von ihm auch der Ausspruch, er hätte *Dial M for Murder* ebensogut per Telefon inszenieren können. Als ganz so einfach erwies sich die Studioarbeit aber doch nicht, denn es war Hitchcocks erster – und letzter – Film, der im sogenannten 3-D-Verfahren entstand. Die großen Hollywoodstudios, so auch Warner Brothers, hatten sich als Reaktion auf die Einführung des Fernsehens, das zu einer ernsthaften Konkurrenz heranwuchs, entschlossen, Spielfilme in dreidimensionaler Optik zu produzieren. Die plumpen technischen Apparaturen, die hierfür notwendig waren, erschwerten die Aufnahmen erheblich, schränkten Hitchcock in seinen gestalterischen Möglichkeiten ein und komplizierten unnötig die Inszenierung. Und als *Dial M for Murder* 1954 uraufgeführt wurde, galt die Modeerscheinung der 3-D-Filme schon wieder als passé.

So wenig sich Hitchcock für *Dial M for Murder* interessiert zu haben schien, war dieser Film doch in dreifacher Hinsicht wichtig für ihn. Zum einen wurde er zu einem respektablen Kassenschlager, was ihm Zuversicht gab für sein nächstes Projekt, an dem ihm sehr viel lag. Zum zweiten hatte er mit der Hauptdarstellerin Grace Kelly die Idealbesetzung für zukünftige Filme gefunden. Ihr Part in *Dial M for Murder* war zwar erst ihre dritte Filmrolle überhaupt, aber die Zusammenarbeit zwischen ihr und Hitchcock funktionierte reibungslos, was um so erfreulicher war, als sie – wie zuvor Ingrid Bergman – seinem Klischee der kühlen, blonden Schönheit entsprach, nach dem er stets suchte. Und schließlich fand Hitchcock mit *Dial M for Murder* zu dem Thema zurück, das ihn auch aus privaten Gründen in den folgenden Jahren immer stärker beschäftigen sollte: die Brüchigkeit der Beziehung zwischen Mann und Frau.

Dial M for Murder konfrontiert den Zuschauer mit einem Paar, dessen äußerlich perfekte Ehe nur die Fassade einer doppelten Lüge ist. Die Frau betrügt ihren Gatten mit einem Liebhaber; der Mann wiederum will sie umbringen lassen, aber nicht etwa aus Eifersucht – was vielleicht noch verständlich wäre –, sondern allein, um an ihr Vermögen zu kommen,

Grace Kelly in «Dial M for Murder», 1953

das ihm bei einer Scheidung entginge. Als der Anschlag mißlingt und Grace Kelly in Notwehr den gedungenen Mörder tötet, läßt ihr Mann – nach außen der loyale Gatte in Person – nichts unversucht, um den Fall so zu wenden, daß seine Frau als vorsätzliche Mörderin erscheint, damit sie vom Gericht zum Tod verurteilt wird. Unterdessen versucht der Nebenbuhler verzweifelt, seine Geliebte von dem Verdacht zu entlasten. Doch nicht ihm gelingt es, sie vor dem Galgen zu retten, sondern kurioserweise der Polizei. Ein nachdenklicher Inspektor, der so klug handelt und so sympathisch gezeichnet ist wie kein anderer Gesetzeshüter in einem Hitchcock-Film, beweist die Unschuld der Ehefrau. Diese Leistung des Scotland Yard-Beamten rückt das Unvermögen des Liebhabers um so stärker ins Blickfeld: Obwohl er sich inständig bemüht hat, gelang es ihm nicht, seine Geliebte aus ihrer prekären Lage zu befreien. Trotz des Happy-Ends zieht der Film im Hinblick auf das Verhältnis der Geschlechter ein recht düsteres Resümee: Einerseits gründet das eheliche Zusammensein auf nichts anderem als Lüge, Täuschung und Verstellung, anderseits hält selbst die Liebesbeziehung der Bewährungsprobe nicht stand – denn der Liebhaber versagt gerade dann, wenn die Geliebte ihn am dringendsten braucht. Eine pessimistische Bilanz, die Hitchcock in späteren Filmen noch krasser akzentuieren sollte.

Meisterwerke in Serie

Noch während der Dreharbeiten zu *Dial M for Murder* sorgte Hitchcocks Agent Lew Wasserman für ein Anschlußprojekt. Wasserman, der als Präsident die MCA, die weltgrößte Künstleragentur leitete (die unter anderen Bette Davis, James Stewart und Frank Sinatra vertrat), hatte im Sommer 1953 mit den Paramount-Studios einen für Hitchcock äußerst günstigen Vertrag über neun Produktionen ausgehandelt: Die Besitz- und Aufführungsrechte an fünf der neun Filme sollten nach der Erstauswertung an den Regisseur übergehen. Hitchcock stand hoch im Kurs.

Rear Window (Das Fenster zum Hof), zu dem die Arbeiten im November 1953 begannen, und der 1963 entstandene Film *Marnie (Marnie)* bilden Anfang und Schlußpunkt einer beispiellosen Schaffensphase, in der Hitchcock einige seiner bedeutendsten Filme inszenierte. Die Periode des Experimentierens war abgeschlossen, er hatte im guten wie im schlechten erfahren, wodurch die Zuschauer und die Kritik begeistert werden konnten, was sie irritierte und worauf sie ablehnend reagierten. Seine *Batterien waren voll aufgeladen*[178], und er wußte, was er sich und seinem Publikum zutrauen konnte: *Es gibt nur eine bestimmte Art von Filmen, die ich machen kann. Einen Thriller, eine Mordgeschichte, einen Film, der überall auf der Welt, bei allen, die ihn sehen, Emotionen weckt. [...] Das Publikum erwartet von mir einen ganz speziellen Typ von Geschichte, und ich möchte es nicht enttäuschen.*[179]

Im folgenden Jahrzehnt präsentierte Hitchcock das ganze Repertoire seines filmischen Könnens, vom Thriller-Melodram mit komödiantischen Untertönen wie in *To Catch a Thief (Über den Dächern von Nizza)* bis zu der quasi-dokumentarischen Schwarzweißproduktion *The Wrong Man (Der falsche Mann)*. Gleichsam nebenbei kreierte er mit *Psycho (Psycho)* den Prototyp des zeitgenössischen Horrorfilms. Und er schuf hochrangige Filmkunstwerke wie *Rear Window, Vertigo (Aus dem Reich der Toten), North by Northwest (Der unsichtbare Dritte)* und *The Birds (Die Vögel)*, die aufgrund ihrer ästhetischen Perfektion zu «Klassikern» des Kinos wurden. Zum Gelingen dieser Filme, die ja immer ein Produkt kollektiver Arbeit waren, trug in nicht geringem Maße die Leistung des

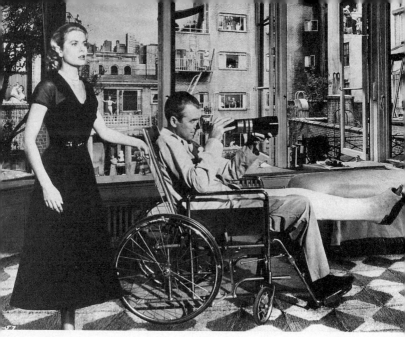

Grace Kelly und James Stewart in «Rear Window», 1954

Teams vor und hinter der Kamera bei, das Hitchcock in diesen zehn Jahren um sich versammelte. Mit James Stewart, Grace Kelly, Cary Grant, Shirley McLaine, Anthony Perkins und Tippi Hedren – um nur einige zu nennen – hatte er eine Reihe von hervorragenden Schauspielern zur Verfügung. Nicht weniger wichtig waren die Drehbuchautoren John Michael Hayes, Ernest Lehman und Angus MacPhail, die Konstümbildnerin Edith Head, der Kameramann Robert Burks und die Komponisten Franz Waxman und Bernard Herrmann.

Bedeutsam ist das Jahrzehnt zwischen 1953 und 1963 auch im Hinblick auf die Themen, die Hitchcock in dieser Zeit immer wieder aufgriff, filmdramaturgisch weiterentwickelte und zu Ende dachte. Dabei ging er mit einer solchen Kompromißlosigkeit zu Werke, daß manche dieser Filme wie persönliche Bekenntnisse erscheinen. Ein Kritiker bezeichnete *Rear Window* und *Vertigo* denn auch als «radikale Selbstentblößungen»[180] des Regisseurs.

Rear Window, entstanden nach einer gleichnamigen Kurzgeschichte von Cornell Woolrich, wird zu Recht als eine der wichtigsten Arbeiten Hitchcocks angesehen. Obschon die erzählerischen Mittel auf ein Minimum reduziert sind, präsentiert der Film ein komplexes Szenarium, das *alle Arten menschlichen Verhaltens, einen kleinen Verhaltenskatalog*[181] umfaßt. In diesem *Spiegel [...] einer kleinen Welt*[182] wird der Zuschauer mit sich selbst konfrontiert, denn die eigentliche Thematik des Films ist das Sehen und Beobachten – die elementare Situation des Kinopublikums also. Unter strikter Einhaltung der klassischen Regel der Einheit von Ort, Zeit und Handlung erzählt *Rear Window* von einem Fotografen, der wegen eines gebrochenen Beins an den Rollstuhl gefesselt ist. Teils aus Langeweile, teils aus Neugier späht er in die Nachbarwohnungen, die seinem Hinterhof-Apartment gegenüberliegen. *Das bot die Möglichkeit, einen vollkommenen filmischen Film zu machen. Da war der unbewegliche Mann, der nach draußen schaut. Das ist das erste Stück des Films. Das zweite Stück läßt in Erscheinung treten, was der Mann sieht, und das dritte zeigt seine Reaktion. Das stellt den reinsten Ausdruck filmischer Vorstellung dar, den wir kennen.*[183]

Der von James Stewart verkörperte Fotograf Jeffries argwöhnt, daß sein Nachbar im Apartment vis-à-vis seine Frau ermordet hat. Mit Hilfe seiner Freundin Lisa, gespielt von Grace Kelly, gelingt es ihm schließlich, den Mann zu überführen. Diese an sich simple Geschichte bildet den Rahmen für kunstvoll inszenierte Episoden über das Verhältnis der beiden Geschlechter.

Hitchcock, der wie immer jeglichen Zufall bei den Aufnahmen ausschließen wollte, ließ im Studio das gesamte Hinterhofareal aufbauen, eine Dekoration von insgesamt 31 Wohnungen, die Jeffries von seinem Fenster aus sieht, davon zwölf komplett eingerichtet. In diesen Wohnungen kann der Fotograf jeweils verschiedene Facetten und Stadien des Zusammenlebens von Mann und Frau beobachten. Da ist zum Beispiel das Mauerblümchen, das sich nach Liebe sehnt, aber vor dem Ungestüm ihres Verehrers zurückschreckt und sich aus Gram fast das Leben nimmt. Oder die kokette Tänzerin, die, von zahllosen Männern umschwärmt, sich nur für deren finanzielle Potenz zu interessieren scheint. Oder das frischvermählte Paar, das anfangs im sexuellen Eheglück schwelgt, wobei dem Mann aber schon recht bald anzumerken ist, daß ihm die Leidenschaft seiner Gattin zuviel wird. Und schließlich der Handlungsreisende vom Apartment gegenüber. Auch seine Beziehung zu seiner stets quengelnden Frau scheint schwer gestört zu sein. Es gelingt ihm nicht einmal, mit seiner Geliebten wenigstens ungestört zu telefonieren. Schließlich tötet er seine Frau und entledigt sich auf diese Weise – vermeintlich – eines Problems, das auch Jeffries, der ihm auf die Spur kommt, plagt: sein Leben nicht so führen zu können, wie er es sich wünscht, weil die Frau, an die er sich gebunden hat, ihn daran hindert. Denn Jeffries wird von seiner Freundin Lisa bedrängt, sie endlich zu heiraten, was er mit dem Argu-

Das Filmpaar: Grace Kelly und Cary Grant in «To Catch a Thief», 1955...

ment abzuwehren versucht, sie könne sein unstetes und gefahrvolles (Berufs-)Leben niemals teilen.

Wie schon früher in Hitchcocks Filmen ähneln sich auch in *Rear Window* der positive und der negative Held in vielen Aspekten. Der Mörder ist im Grunde das Alter ego des Fotografen, der seine Freundin ebenso gern loswerden möchte wie der Handelsvertreter seine Frau. Beide Männer sind von Berufs wegen Reisende, beide sind unfreiwillig sexuell abstinent, der eine wegen seines Gipskorsetts, der andere wegen mangelnder Gelegenheiten, seine Geliebte zu treffen. Beide hantieren mit Gegenständen, die eine phallische Symbolik haben: Jeffries verwendet bei seinen voyeuristischen Erkundungen ein extrem langes Teleobjektiv, der Vertreter tötet seine Frau mit einem Fleischermesser von beachtlicher Größe. Und beide Frauen sind von blonder Haarfarbe und ähnlicher Statur und bedrängen ihre männlichen Partner.

Bezeichnenderweise ist es ein Ehering, der die Handlung kulminieren läßt und beiden Männern zur Falle wird: Als Lisa, der man eine solch waghalsige Aktion nicht zugetraut hätte, heimlich die Wohnung des Vertreters durchstöbert, findet sie den Ehering der Verschwundenen – ein sicheres Indiz dafür, daß die Frau ermordet wurde. Mit triumphaler Ge-

... und das Traumpaar in der Wirklichkeit: Grace Kelly, künftig Fürstin Gracia Patricia, und Fürst Rainier von Monaco

ste streift Lisa sich den Ring über, denn damit hat sie sowohl den Mörder überführt als auch ihrem Freund bewiesen, daß sie den Gefahren gewachsen ist, somit seine Bedenken hinfällig geworden sind – und einer Heirat nichts mehr im Wege steht. *Rear Window* endet mit der Wiederaufnahme des Anfangs. Der Held sitzt nach wie vor im Rollstuhl, nur hat er jetzt – weil ihn der Mörder aus dem Fenster gestoßen hat – statt einem beide Beine in Gips. Diese kreisförmige Struktur der Handlung verleiht *Rear Window* den Charakter einer Komödie, und so stimmt der Ausgang denn auch versöhnlich. Lisa wird ihren Geliebten ehelichen, und die kleinen Tragödien und Dramen in den anderen Wohnungen finden ebenfalls ein glückliches Ende.

Auch die folgende Produktion, *To Catch a Thief,* handelt davon, wie eine attraktive Blondine (wiederum von Grace Kelly dargestellt) «einen Mann fängt». Als Hitchcock 1954 mit seinem Stab zu den Dreharbeiten an die französische Riviera reiste, konnte er nicht ahnen, daß er mit der Wahl dieses Schauplatzes indirekt dazu beitrug, seinen weiblichen Star zu verlieren. Bei den Aufnahmen an der Côte d'Azur nämlich lernte Grace Kelly den Fürsten Rainier von Monaco kennen, worauf sie alsbald die Schauspielerei aufgab und statt dessen als Fürstgemahlin Gracia

Patricia von sich reden machte. In ihrer letzten Rolle in einem Hitchcock-Film verkörperte sie eine Person, bei der sich erotische und kriminelle Leidenschaft auf fast schon krankhafte Weise vermengen, ein Motiv, das Hitchcock in *Marnie* wiederaufgreifen wollte. *Bei «To Catch a Thief», einer melancholischen Komödie,* meinte er einige Jahre später, *spürte ich, daß ich nicht einfach ein glattes Happy-End machen konnte. [...] Cary Grant (in der männlichen Hauptrolle) läßt sich überzeugen, er wird Grace Kelly heiraten. Aber die Schwiegermutter wird bei ihnen leben. So ist das ein fast tragischer Schluß.*[184]

Während in *To Catch a Thief* alles in allem eine eher heitere Stimmung herrscht, dominierte im nächsten Film, *The Trouble with Harry (Immer Ärger mit Harry)*, der schwarze Humor. Wohl auch deshalb nannte Hitchcock diesen Streifen einen seiner Lieblingsfilme. *«The Trouble with Harry» [...] war die sehr getreue Verfilmung eines englischen Romans von Jack Trevor Story, und nach meinem Geschmack voller Humor.*[185] Aberwitzige Verwicklungen entstehen, als eines Tages die Leiche eines Mannes namens Harry im Wald entdeckt wird. Das komödiantische Element des Films liegt darin, daß vier Personen sich am Tod von Harry schuldig wähnen und die Leiche viermal be- und wieder ausgegraben wird, als handle es sich um einen x-beliebigen Gegenstand. *Wenn beispielsweise der alte Edmund Gwenn die Leiche zum erstenmal hinter sich herzieht und die alte Jungfer ihn trifft, sagt sie: «Haben Sie Unannehmlichkeiten, Kapitän?» Das ist einer der komischsten Sätze, und für mich liegt in ihm der ganze Geist der Geschichte.*[186]

Die nonchalante Art, in der das Quartett der vermeintlichen Mörder über den toten Harry parliert, erzeugt zwar eine *Komik des Understatement*[187], hat gleichzeitig aber einen beunruhigenden Beigeschmack. Denn bei aller Sympathie, die die Filmfiguren ausstrahlen, wirken ihr Zynismus und letztlich auch ihre emotionale Gestörtheit im Umgang mit dem Tod befremdend. Hinter der schwarzen Komödie, die mit einem ernsten Thema makabre Scherze treibt, verbergen sich eine sarkastische Haltung gegenüber zentralen Fragen des Lebens, ein indirektes Eingeständnis der Unfähigkeit, souverän mit einem gewichtigen Thema wie dem Tod umzugehen, und ein ganz und gar nicht heiteres, geschweige denn positives Menschenbild. Gleichwohl bleibt in *The Trouble with Harry* die Struktur der Komödie noch intakt und zeigt keine dramaturgischen Brüche.

Finanziell wurde *The Trouble with Harry* zu einem Reinfall. Deshalb griff Hitchcock bei seinem nächsten Projekt auf eine Vorlage zurück, die er schon einmal, vor zweiundzwanzig Jahren, erfolgreich verfilmt hatte: *The Man Who Knew Too Much (Der Mann, der zuviel wußte)*. Die Handlung änderte er geringfügig, ansonsten übernahm er die bewährte Grundidee seiner 1934 gedrehten ersten Version. Unterscheiden würden sich die beiden Fassungen darin, meinte Hitchcock, daß die erste *ein talentierter Dilettant gemacht* habe *und die zweite ein Fachmann.*[188] Das stimmt sicher, was die technische Ausführung und den handwerklichen Aspekt angeht, an Spannung jedoch war das Remake seinem Vorbild nicht ebenbürtig. Dafür besaß es eine andere Qualität: Es wurde ein Film, den fast jedermann goutieren konnte, der Cineast ebenso wie ein Zuschauer, der im Kino nur unterhalten werden will. Vor allem aber war es ein Film «für die ganze Familie». Mit Bedacht hatte Hitchcock für die Hauptrollen James Stewart und Doris Day engagiert, beide Inbegriff der moralisch integren amerikanischen Durchschnittsbürger. Sie verkörpern ein gewöhnliches Ehepaar, das in eine schwere Belastungsprobe gerät, als ihr Kind entführt wird. Auch wenn sie zu guter Letzt ihre Krise bewältigen, bleibt das wiedergefundene Familienidyll doch getrübt durch Widersprüche und Brüche in ihrem Charakter, die ebensogut ein Scheitern der beiden hätten bewirken können.

Während dem Ehepaar in *The Man Who Knew Too Much* (der zu einem klug kalkulierten Kassenerfolg wurde) noch eine glückliche Lösung seines Konflikts vergönnt war, zeigte Hitchcock in *The Wrong Man,* daß solche Krisensituationen auch ganz anders enden können. Mit seiner gleichsam dokumentarischen Qualität bildet *The Wrong Man* einen Kontrapunkt zu allen übrigen Arbeiten von Hitchcock. Es war das einzige Mal, daß er eine authentische Geschichte inszenierte. Sie handelt von einem Justizirrtum, der sich einige Jahre zuvor in New York zugetragen hatte. Außergewöhnlich war auch Hitchcocks Erscheinen in diesem Film. Anstatt wie sonst als Statist den obligatorischen Kurzauftritt zu absolvieren, weist er in einer einleitenden Rede auf den nicht-fiktiven Charakter der Geschichte hin. Der Grund für dieses cineastische Experiment war, daß im Leidensweg des Manny Balestrero eine der atavistischen Ängste Hitchcocks Wirklichkeit geworden war: Der völlig harmlose Musiker Balestrero wird, weil er einem gesuchten Räuber entfernt ähnlich sieht, von der Polizei verhaftet und so lange demütigenden Prozeduren ausgesetzt, bis endlich der wahre Täter gefaßt wird.

Das Thema des zu Unrecht verfolgten Mannes und der Phobie vor der identitätszerstörenden Macht von Polizei und Justiz hatte Hitchcock zwar auch früher schon angeschnitten. Aber in *The Wrong Man* tritt ein neuer Aspekt hinzu: Durch das zermürbende Vorgehen der Polizei entstehen bei Balestreros Frau, die ihren Mann innig liebt, allmählich Zweifel, ob er nicht doch der Täter ist. Sie wird zum eigentlichen Opfer der Justiz, denn sie verliert den Glauben an ihren Mann und schließlich auch ihren Verstand. Sie verfällt dem Wahnsinn, aus dem sie auch die Nachricht nicht mehr retten kann, daß ihr Mann rehabilitiert ist. Die Liebe der beiden hat der Belastung nicht standgehalten, der plötzliche Einbruch

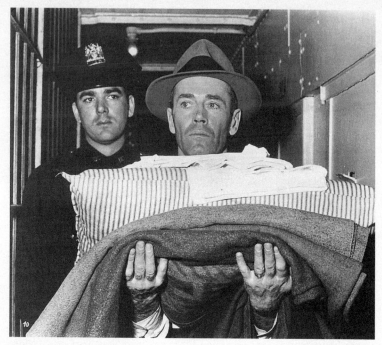

Henry Fonda in «The Wrong Man», 1956

des Chaos in ein behütetes Leben läßt die Frau irre werden. Es war das erste Mal, daß Hitchcock einen Menschen zeigte, der geisteskrank wird. Damit war der Weg zu *Psycho,* in dem der Wahnsinn selbst wieder Chaos und Verbrechen gebiert, vorgezeichnet.

Auf das bedrückende Drama in Schwarzweiß *The Wrong Man* folgte die nicht weniger düstere Romanze *Vertigo,* der negative Gegenentwurf zu *Rear Window.* Wieder geht es um die Liebesbeziehung zwischen zwei ungleichen Menschen. In *Vertigo* soll der ehemalige Polizeiinspektor Ferguson auf Bitten eines Schulfreundes dessen angeblich selbstmordgefährdete Frau beschatten. Ferguson, der an Akrophobie, einer Form von Höhenangst, leidet, verliebt sich in sie, kann aber wegen seiner Schwindelanfälle nicht verhindern, daß sie sich von einem Glockenturm zu Tode stürzt. Er ahnt nicht, daß er einer raffinierten Täuschung aufgesessen ist.

Von Selbstvorwürfen geplagt, kann Ferguson seine Liebe nicht vergessen. Eines Tages entdeckt er ein Mädchen, das der vermeintlich Toten ähnlich sieht. Wie von einer fixen Idee besessen, unternimmt er alles, um sie Schritt für Schritt in die Frau umzuwandeln, die er verloren hat.

Durch Zufall findet er heraus, daß seine neue Freundin mit der Totgeglaubten identisch ist und sie ihm ein böses Spiel vorgegaukelt hat. Als sie beim Versuch, ihm alles zu erklären, wirklich zu Tode stürzt, ist er endlich von seiner Akrophobie befreit.

Die gesamte zweite Hälfte des Films dreht sich um die Rückverwandlung des Mädchens in die Frau, die Ferguson für tot hält. Hitchcock erklärte, es gehe dabei um *psychologischen Sex*[189], das heißt, der Mann sei von dem Drang beherrscht, *ein unmögliches sexuelles Bild wieder zum Leben zu erwecken. Um es ganz einfach zu sagen: der Mann möchte mit einer Toten schlafen, es geht um Nekrophilie.*[190] Diese Deutung ist aber nur ein Teil der Wahrheit. Denn viel mehr noch handelt es sich darum, die Frau zu manipulieren und zu modellieren, sie zu einem Abbild zu machen, das der Mann erst dann lieben kann, wenn es dem Vorbild exakt entspricht. Wie der Fotograf in *Rear Window* ist der Detektiv in *Vertigo* – beide Rollen werden von James Stewart verkörpert – ein Voyeur: Ferguson späht die Frau aus, in die er sich verlieben wird. Und in beiden Filmen ist der Held in seiner körperlichen Bewegungsfreiheit eingeschränkt und dadurch auch sexuell behindert. Fergusons Höhenangst ist die Angst vor dem Sturz in die Tiefe, einem Sturz, den der Fotograf in *Rear Window* erleiden mußte. Dieser Sturz – der äußerlich zwar glimpflich ausging – symbolisiert die völlige Auslieferung des Mannes an die Frau. Es liegt deshalb nahe, Fergusons Akrophobie als Ausdruck seiner Angst zu deuten, sich auszuliefern und seine Identität zu verlieren. Dieses Motiv macht *Vertigo* zum kontrastiv-ergänzenden Gegenstück von *Rear Window*. Aber anders als in *Rear Window* ist hier der Mann nicht das Opfer, sondern der Täter. Er verlangt von der Frau Selbstverleugnung und fordert, daß sie sich einem Bild angleicht, das nur in seiner Vorstellung existiert. Fergusons emotionale Deformation besteht darin, daß er zwanghaft seine Männlichkeit zu beweisen versucht, indem er eine Imagination zum Leben erwecken will.

Dahinter verbirgt sich der obsessive Wunsch, über die Frau Macht auszuüben. Allmachtsphantasien dieser Art offenbarte aber nicht nur die Filmgestalt Ferguson, sondern auch ihr Schöpfer Hitchcock. Die charakterliche Disposition der beiden ähnelte sich so sehr, daß der Hitchcock-Biograph John Russell Taylor schrieb: *Vertigo* komme «einer allegorischen Autobiographie beängstigend nahe»[191]. Spätestens seit seiner erotischen Schwärmerei für Ingrid Bergman war bekannt, daß der nach außen integre Ehemann und Familienvater Hitchcock mehr als nur berufliches Interesse für seine Hauptdarstellerinnen hegte, die alle, ob es nun Ingrid Bergman, Grace Kelly, Vera Miles, Kim Novak oder später Tippi Hedren war, einem bestimmten Typus entsprachen: blondhaarige Schönheiten mit der Ausstrahlung kühler Erotik. Hitchcock hat diese

James Stewart und Kim Novak in «Vertigo», 1958

Vorliebe offen eingestanden und mit recht drastischen Worten zu rationalisieren versucht: *Weshalb ich immer auf die mondän reservierten blonden Schauspielerinnen zurückkomme? Ich brauche Damen, wirkliche Damen, die dann im Schlafzimmer zu Nutten werden. [...] Ich glaube, die in sexueller Hinsicht interessantesten Frauen sind die Engländerinnen. Ich finde, die englischen Frauen, die Schwedinnen, die Norddeutschen und die Skandinavierinnen sind interessanter als die romanischen, die Italienerinnen und Französinnen. Der Sex darf nicht gleich ins Auge stechen. Eine junge Engländerin mag daherkommen wie eine Lehrerin, aber wenn Sie mit ihr in ein Taxi steigen, überrascht sie Sie damit, daß sie Ihnen in den Hosenschlitz greift.*[192]

Diese Sätze, die mehr nach einer Wunschvorstellung als nach einer Schilderung eigener Erlebnisse klingen, lassen sexuelle Bedürfnisse vermuten, die der katholisch erzogene Hitchcock wohl nicht auszuleben wagte oder mangels Gelegenheit nicht befriedigen konnte. Seine Obsessionen, die um so erklärlicher werden, wenn man ihm glaubt, daß er mit seiner Frau Alma über Jahrzehnte hinweg in keuscher Kameradschaft lebte, werden in den Filmen der fünfziger Jahre immer deutlicher sichtbar. Wie Ferguson in *Vertigo* seine Partnerin manipuliert, stilisierte

Hitchcock seine Hauptdarstellerinnen zu scheinbar gefühlskalten, im verborgenen aber sexuell hemmungslosen Geschöpfen einer Männerphantasie, die die Kehrseite viktorianischer Prüderie und katholischer Lustfeindlichkeit darstellt. In Hollywood wurde kolportiert, Hitchcock sei skopophil, er suche sexuelle Befriedigung durch Zuschauen.[193] Und es mangelte auch nicht an entsprechenden Gerüchten über seine voyeuristischen Neigungen.

Die fixe Idee, eine sexuell attraktive Frau ganz dem Willen eines Mannes auszuliefern, die sich in *Vertigo* noch hinter konventionellen Formen verbirgt, wird in späteren Filmen konsequent und radikal zu Ende gedacht: In *Marnie* präsentierte Hitchcock erstmals eine Vergewaltigungsszene, allerdings noch abgemildert durch den schamhaften Blick der Kamera, die im entscheidenden Moment vom Ort des Geschehens abschwenkt. In *Frenzy (Frenzy)* schließlich wird die Vergewaltigung und Ermordung einer Frau in all ihrer Widerlichkeit auf der Leinwand vorgeführt. Und es kostete Hitchcock 200 000 Dollar, ein Filmprojekt aufzugeben, das er eigens auf die von ihm favorisierte Schauspielerin Audrey Hepburn zugeschnitten hatte.[194] Als die Hepburn erfuhr, daß in diesem Film eine Vergewaltigungsszene gezeigt werden sollte, erklärte sie ihre Zusage für ungültig.[195]

Nach *Vertigo,* der in mancher Hinsicht irritierend war, überraschte Hitchcock im Jahr darauf mit einem Film, der vermeintlich einen ganz anderen Ton anschlug, *North by Northwest.* Die dramaturgischen Grundelemente dieses Road Movie[196] über die Flucht eines Mannes quer durch die Vereinigten Staaten waren keineswegs neu, sie stammten aus dem 1942 entstandenen Film *Saboteur.* Auch die Idee, den Schurken am Schluß von einem steinernen Nationaldenkmal in den Abgrund stürzen zu lassen, war dem früheren Streifen entlehnt: In *Saboteur* wird dem Bösewicht die New Yorker Freiheitsstatue zum Verhängnis, in *North by Northwest* fällt der Schurke vom Mount Rushmore, dem Berg, in den die riesigen Konterfeis von vier amerikanischen Präsidenten gemeißelt sind. Im Unterschied aber zu dem patriotisch eingefärbten *Saboteur* präsentierte *North by Northwest* eine sarkastische Kritik an der amerikanischen Politik und ihren Institutionen: Ein harmloser Bürger wird von den Geheimdiensten skrupellos der Staatsräson geopfert. Er riskiert Leib und Leben, um sich aus den dramatischen Verwicklungen zu befreien, in die ihn die offiziellen Hüter der Demokratie ohne sein Wissen gebracht haben.

Den zentralen Raum nimmt aber wieder das Thema der unheilvollen Liebesbeziehung ein, und erneut fällt auf, daß das Frauenbild auch in *North by Northwest* negativ ausfällt. Die Heldin verleugnet nicht nur ihre Liebe, sondern ist sogar bereit, ihren Geliebten dem Verderben auszulie-

Die Vergewaltigungsszene aus «Marnie», 1964

fern, weil für sie die Pflicht gegenüber dem Staat höher steht als ihre eigenen Gefühle. Der Mann hingegen setzt ohne zu zögern seine Existenz aufs Spiel, um die Frau zu retten.

Zum Inbegriff des Hitchcock-Films wurde *Psycho,* gedreht im Jahre 1960. Der Film war zum Teil ein Produkt des Zufalls und Ersatz für das ursprünglich vorgesehene Projekt «No Bail for the Judge», das durch die Absage von Audrey Hepburn geplatzt war. Mit einem schmalen Budget von nur 800 000 Dollar und einem technischen Team vom Fernsehen entstand der Film, der wie kein anderer mit dem Namen Hitchcock in Verbindung gebracht wird.

Psycho wurde und wird als schockierend empfunden, weil er gegen Tabus und die bis dahin gültigen Regeln der Filmtradition verstieß: Der Spannungsbogen der Handlung verläuft atypisch, er ist nicht auf das Filmende hin ausgerichtet, sondern erreicht bereits nach einer halben Stunde seinen Höhepunkt. Zu einem später oft kopierten Meisterstück der Filmkunst wurde die Mordszene unter der Dusche, eine 45 Sekunden dauernde Sequenz, die aus 78 verschiedenen Kameraeinstellungen besteht, unterlegt mit einem künstlichen Ton, der die Brutalität des Geschehens akustisch unterstreicht. Ein eminenter Verstoß gegen die herkömmliche Filmdramaturgie war, daß die Heldin, mit der sich der Zuschauer identifiziert, bereits im ersten Drittel des Films umgebracht wird.

Nur wenige andere Werke der Filmgeschichte hatten einen ähnlich weitreichenden Einfluß wie *Psycho*. Hitchcock zeigte, daß nicht die immergleichen Spuk- und Schauergeschichten und ein stereotypes Arsenal an Vampiren, Dämonen und mythischen Fabelwesen notwendig sind, um einen Horrorfilm zu schaffen. In *Psycho* entstehen Schrecken und Entsetzen aus banal-alltäglichen Situationen und aus der Unberechenbarkeit der menschlichen Psyche. Von Robert Aldrich («Whatever Happened to Baby Jane?»), Stanley Kubrick («The Shining») und Roman Polanski («Repulsion») bis zu Brian de Palma («Carrie»; «The Fury»), John Carpenter («Halloweèn»; «The Fog») und David Cronenberg («The Fly») reicht die Liste der Regisseure, die sich von Hitchcocks Konzept des Horrorfilms anregen ließen.

Wirkungsästhetisch ist Hitchcock mit *Psycho* die vollkommene Manipulation des Publikums gelungen. *In «Psycho» waren mir weder das Sujet noch die Personen wichtig. Worauf es mir ankam war, durch eine Anordnung von Filmstücken, Fotografie, Ton, lauter technische Sachen, das Publikum zum Schreien zu bringen. Ich glaube, darin liegt die große Befriedigung für uns, die Filmkunst zu gebrauchen, um eine Massenemotion herzustellen. Und das haben wir mit «Psycho» geschafft. Er hat keine Botschaft, die das Publikum interessiert hätte. Auch keine besondere schauspielerische Leistung hat es in Bann gezogen. Und es gab auch keinen besonders angesehenen Roman, der das Publikum gepackt hätte. Es war der reine Film, der die Zuschauer erschüttert hat.*[197]

Nicht allein nach dem Maßstab des «reinen Films» ist *Psycho* der Gipfelpunkt des Hitchcockschen Werks, auch thematisch wird hier die Endphase einer Entwicklung erreicht, die keine Steigerung mehr zuließ; die Filme, die Hitchcock nach *Psycho* drehte, waren nur mehr Variationen und Rückgriffe auf Vergangenes. Den Grad an Pessimismus, den *Psycho* vermittelt, hat Hitchcock in keinem seiner späteren Werke mehr übertroffen. In der Figur des schizophrenen Norman Bates hat der Schrecken Gestalt angenommen und sich verselbständigt. Bates ist der Inbegriff der

Standfotos aus «Psycho», 1960

von Angst dominierten Hitchcockschen Welt, ein Mensch, der sympathisch und abscheulich zugleich ist und der aus Zwängen heraus handelt, von denen ihn nichts und niemand mehr befreien kann. Bisher hatte Hitchcock Unheil und Verderben immer auf letztlich nachvollziehbare, rational erklärbare Ursachen und damit potentiell überwindbare Gründe zurückgeführt: Die Spione verfolgen einen Auftrag, der Witwenmörder will das Geld seiner Opfer an sich bringen, selbst der Psychopath Bruno in *Strangers on a Train* möchte nur einem unerträglichen Druck entkommen. In *Psycho* hingegen haben Schrecken und Chaos in der Figur des Norman Bates ein Eigenleben gewonnen und sind unkontrollierbar geworden. Denn ihr Ursprung liegt außerhalb der realen Welt: eine Tote, die Mutter von Bates, hat von ihrem Sohn vollkommenen Besitz ergriffen und dirigiert sein unbegreifliches Tun. Diese vom Wahnsinn geleitete Mutter-Sohn-Beziehung verhindert jegliche andere Bindung des Mannes; es gibt für Bates keine Rettung. Sobald sich ihm eine Frau nähert, die die Sehnsucht nach Liebe in ihm weckt, wird aus dem schüchternen und harmlosen Bates ein rasender Irrer, der das Objekt seiner Begierde zerstören muß.

Nicht zufällig handelt auch der nächste Film, *The Birds*, von einer starken Mutter-Sohn-Bindung, die durch das Erscheinen einer attraktiven Frau bedroht wird. Angesichts der düsteren Bilanz von *Psycho* erscheint es nur konsequent, daß in *The Birds* das aus dieser Bedrohung erwachsende Chaos nicht mehr an einen Menschen gebunden ist, sondern in der Rebellion der Natur seinen Ausdruck findet. Wiederum hat sich der Schrecken verselbständigt, nur diesmal nicht mehr in Form einer Person, sondern in Gestalt vermeintlich harmloser Vögel, die in Scharen über die Menschen herfallen und sie zu vernichten suchen. Der apokalyptische Aufstand der Vögel ist Metapher für die innere Zerstörung des Menschen selbst, für seine Unfähigkeit, den anderen zu erkennen, wogegen es kein Heilmittel gibt.

Dieses Fazit gilt auch für *Marnie*, trotz eines vordergründig glücklichen Endes. Was in *Vertigo* noch nicht möglich war – die Unterwerfung der Frau –, ist in *Marnie* endgültig vollzogen. Die psychisch kranke Frau (gespielt von Tippi Hedren) wird zwar dank der Beharrlichkeit ihres sie liebenden Mannes (dargestellt von Sean Connery) geheilt, doch der Preis dafür ist hoch: Aus der zwanghaften Abhängigkeit von ihrer Mutter wird sie nur entlassen, um in eine neue Abhängigkeit zu geraten, nämlich von ihrem Mann, wie die Schlußszene beweist. Nicht anders als in *Vertigo* geht es um die Macht des Mannes über die Frau. Hitchcock hat dies indirekt eingestanden, als er bekannte, ihm habe *die Vorstellung Spaß gemacht, eine fetischistische Liebe zu zeigen. Ein Mann will mit einer Diebin schlafen, weil sie eine Diebin ist, wie andere mit einer Chinesin oder einer*

109

C-2

439 Melanie — Run — Run.

440 Children — (foregrnd against Sodium Screen) Backgrnd Bodega school with Michelle and 2 or 3 children

440A continuation of 440 — Melanie runs past camera

Dreharbeiten für «The Birds»: Kinder fliehen vor den Vögeln, die erst später in den Film kopiert wurden

Negerin schlafen wollen. [...] Um es ganz eindeutig zu sagen: Man hätte Sean Connery zeigen müssen, wie er die Diebin vor dem Safe überrascht, wie ihn die Lust überkommt und er sie sofort vergewaltigt.[198]

Im Film gelingt dem Helden, was Hitchcock im wirklichen Leben versagt blieb. Tippi Hedren, seine Hauptdarstellerin in *The Birds* und *Marnie*, war die letzte der weiblichen Stars, die ganz seinem Klischeebild der unterkühlt-erotischen Frau entsprach. Sie war auch die letzte, die er mit sexuellen Avancen bedrängte. Dies ging so weit, daß er seine Darstellerin bis in ihr Privatleben hinein zu dirigieren versuchte. Doch seine Leidenschaft blieb ohne Erfüllung, Tippi Hedren zog sich von ihm zurück.

Wie weit die persönliche Krise, die aus dieser Ablehnung erwuchs, daran Schuld trug, daß *Marnie* zu einem Mißerfolg wurde, läßt sich nicht

Aus dem Storyboard für «The Birds», 1963. Viele Hitchcock-Filme wurden durch solche gezeichneten Bild-Sequenzen vorbereitet. Die Zeichnungen für «The Birds» stammen von Robert Boyle

Tippi Hedren und Sean Connery in «Marnie», 1964

eindeutig klären. Hitchcock versuchte es auf den Terminzwang zu schieben. *Ich hätte für alles mehr Zeit gebraucht, für das Drehbuch, die Dekorationen und so weiter ... Das war ein technisches Durcheinander, das ich nicht billigte. Wir standen unter Termindruck, sonst hätte ich das ganze Ding weggeschmissen und von vorn angefangen.*[199] Die Kritiker warfen ihm eine schlampige technische Ausführung und platte, banale Psychologismen vor.

Das Scheitern von *Marnie* versetzte den mittlerweile fünfundsechzigjährigen Regisseur in große Unsicherheit. Dreimal begann er mit den Vorbereitungen zu einem Folgeprojekt, um die Pläne dann doch wieder beiseite zu legen. Es dauerte zwei Jahre, ehe sein nächstes Werk in die Kinos kam.

«Alfred Hitchcock Presents»

Um die Kosten für die Dreharbeiten von *Psycho* niedrig zu halten, hatte Hitchcock den Film mit einer technischen Crew inszeniert, mit der er zuvor schon bei Fernsehsendungen zusammengearbeitet hatte. Bereits seit Mitte der fünfziger Jahre war Hitchcock in diesem neuen Medium, dem stärksten Konkurrenten des Kinos, regelmäßig präsent. Von Herbst 1955 bis zum Frühjahr 1961 fungierte er in Personalunion als Produzent und Showmaster der vom Sender CBS ausgestrahlten Halbstundenserie «Alfred Hitchcock Presents», die einmal pro Woche über den Bildschirm lief[200] und 1958 als beste Fernsehserie des Jahres mit dem «Golden Globe» ausgezeichnet wurde. Für die Staffel 1961/62 wurden die Folgen auf eine Stunde erweitert; von da an trug die Serie den Titel «The Alfred Hitchcock Hour». Unabhängig davon, ob die jeweilige Episode nun von einer makabren, mysteriösen oder schaurigen Begebenheit handelte oder von einem Kriminalfall erzählte, stets war die Geschichte auf eine Schlußpointe hin angelegt. Das eigentliche Markenzeichen der Serie war jedoch Hitchcocks eigener Auftritt im Vor- und Abspann, musikalisch eingerahmt von Charles Gounods «Trauermarsch einer Marionette». Mit launigen, ironischen oder moralisierenden Worten oder in einer kurzen Spielszene kommentierte Hitchcock die jeweilige Folge, so etwa in der Episode «Scheintot»: *Jedesmal versuchen wir, eine Lebensregel oder Moral mitzugeben, etwa so, wie die Mutter sie einst gab. Zum Beispiel: «Wandere froh, doch nie ohne Knüppel in der Hand. Schlag erst mal zu und stell die Fragen hinterher.» Na, Sie verstehen mich.*[201]

Insgesamt wurden mehr als 350 solcher Shows produziert, aber nur bei zwanzig Folgen führte Hitchcock selbst Regie.[202] Einige der Stars aus den Kinofilmen wie Joseph Cotten, Claude Rains, Vera Miles und John Forsythe spielten in der einen oder anderen Episode mit.

Es war ein genialer Schachzug des Regisseurs, seine Popularität durch Auftritte auf dem Bildschirm zu steigern. Seit 1950 erlebte das Kino in den USA einen drastischen Rückgang der Besucherzahlen. 1951 mußten landesweit 700 Lichtspielhäuser schließen, sie wurden abgerissen oder für andere Zwecke umgebaut. Die großen Hollywood-Studios versuchten

Alfred Hitchcock: ein Markenzeichen...

sich durch technische Neuerungen der existenzbedrohenden Konkurrenz zu erwehren. Neben dem schon erwähnten recht kurzlebigen 3-D-Verfahren setzte die Filmindustrie vor allem auf die Anziehungskraft der Cinemascope-Technik, mit der sich ein Bild auf die Leinwand projizieren ließ, das doppelt so breit war wie bisher. Während das Kino ums Überleben kämpfte, erzielte das Fernsehen mit billig hergestellten, von der Wirtschaft gesponserten Sendungen wie zum Beispiel «The Texaco Star Theatre» enorme Einschaltquoten.

Hitchcock zeigte keinerlei Berührungsängste gegenüber dem neuen Medium, im Gegenteil. Die Arbeitsmethoden der Fernsehproduktion und die im Vergleich zum Film beschränkten technischen Möglichkeiten betrachtete er als Herausforderung und als Gelegenheit, neue Erfahrungen zu sammeln. Außerdem boten die Shows eine Fundgrube und ein Experimentierfeld für Ideen, die er in seinen Filmen verwenden konnte.

Aber das war nicht der eigentliche Grund, warum er sieben Jahre lang einer Fernsehserie seinen Namen gab. Ausschlaggebend dürfte gewesen sein, daß das neue Medium mit seinem immensen Verbreitungsgrad einen nahezu idealen Werbeträger darstellte. Zeit seines Lebens war Hitchcock ein geschickter Marketing-Experte gewesen, vor allem wenn es um seine eigene Person ging. Als erfahrener Manipulator der Zuschaueremotionen wußte er, wie man Popularität erzielte und dadurch den eigenen Marktwert steigerte. Auch bei seinen obligatorischen Kurzauftritten in den Kinofilmen mag diese Überlegung eine Rolle gespielt haben, obschon er behauptete, sie seien *jedesmal eine Strafe*[203] für ihn gewesen. Auf dem Bildschirm bot sich ihm nun eine ganz neue Form

... und stets ein Meister der Selbstinszenierung: auf dem Gemälde im Hintergrund hat sich zwischen den Präsidentenköpfen des Nationaldenkmals Mount Rushmore ein bekannter britischer Zeitgenosse verewigt

der Selbstdarstellung: Er konnte sich selbst zum Star machen, zu einer Medien-Berühmtheit, die an Popularität alle Schauspieler übertraf, die bei ihm auftraten. Dies wirkte sich natürlich auch auf das Interesse der Zuschauer an seinen Kinofilmen aus. Und obendrein war die Arbeit für das Fernsehen finanziell sehr lukrativ.

Ein für Hitchcock ebenfalls recht einträgliches Geschäft war die Vermarktung seines Namens als Werbeträger einer Taschenbuch-Reihe. Der findige Unternehmer Richard E. Decker war auf die Idee gekommen, ein Kriminalmagazin ins Leben zu rufen, dessen Titel das Konterfei und der Name des Regisseurs zieren sollte. Hitchcock verkaufte ihm hierfür die Nutzungsrechte, und so entstand ab Mitte der fünfziger Jahre die auflagenstarke Reihe der «Alfred Hitchcock Mystery Magazines» – Sammlungen von kurzen Kriminalgeschichten und Erzählungen makabren und kuriosen Inhalts, die zumeist von wenig bekannten Autoren stammten. Obgleich die Aufmachung den Eindruck erweckt, Hitchcock habe eigen-

händig die Geschichten ausgewählt und herausgegeben, hatte er *mit der ganzen Sache überhaupt nichts zu tun* [204], und es kam ihm auch nie in den Sinn, selbst einmal einen Text beizusteuern. Immerhin verkaufte sich die Reihe im In- und Ausland so gut, daß allein die fremdsprachigen Ausgaben ihm *an die 100 000 Dollar pro Jahr* [205] einbrachten.

Obwohl Hitchcock seit den fünfziger Jahren ein reicher Mann war, Aktien, Kunstwerke und Immobilien besaß und an Wirtschaftsunternehmen – von Rinderfarmen bis zu Filmgesellschaften – beteiligt war, plagte ihn, für Außenstehende unverständlich, immer wieder die Angst, seinen Lebensabend in Armut verbringen zu müssen. Deshalb auch zog er nach der Erstverwertung die Filme *Rope, Rear Window, The Man Who Knew Too Much* (2. Version), *The Trouble with Harry* und *Vertigo* aus den Kinos zurück und hielt sie unter Verschluß, um für später auf alle Fälle eine Art «Altersversicherung» in der Hand zu haben. Nach seinem Tod gingen sie in den Besitz seiner Tochter Patricia über, und erst Anfang der achtziger Jahre wurden sie wieder in den Kinos gezeigt.

Gemeinsam mit dem Kameramann John F. Warren, den er von der Arbeit an «Alfred Hitchcock Presents» her kannte, entwarf Hitchcock die lichttechnische Gestaltung des Films, der nach einer zweijährigen Phase der Unentschlossenheit auf *Marnie* folgen sollte: *Torn Courtain (Der zerrissene Vorhang)*. Hitchcock hatte sich für einen Stoff mit brisanter politischer Thematik entschieden; *Torn Curtain* handelt von einem amerikanischen Wissenschaftler, der in die DDR überläuft. Der Clou der Geschichte besteht darin, daß der Mann in Wirklichkeit aber kein Verräter ist, sondern im kommunistischen Feindesland eine militärisch wichtige Formel in seinen Besitz bringen will.

Der Kalte Krieg, der sich nach dem Bau der Berliner Mauer 1961 wieder verschärft hatte, lieferte den spektakulären Hintergrund. Auch sonst wurde einiges aufgeboten, damit *Torn Curtain* nicht wie zuvor *Marnie* ein kommerzieller Mißerfolg werden würde.[206] Die Hauptrollen übernahmen Paul Newman und Julie Andrews; Hitchcock hoffte, damit zwei Kassenmagneten engagiert zu haben.

Doch *Torn Curtain* erfüllte nicht die in ihn gesetzten Erwartungen. Die Kritiker bemängelten vor allem die unglaubwürdige Handlung und die Tatsache, daß sich die Protagonisten, allen voran die Wissenschaftler, unbegreiflich naiv verhielten. Auch technische Fehler wurden dem Regisseur angelastet, so zum Beispiel die Rückprojektionen bei einer Verfolgungsjagd, die äußerst schlampig ausgeführt waren. Und die Handlung insgesamt enthält manche Details, die nur wie eine Karikatur auf die Wirklichkeit erscheinen konnten, etwa wenn desertierende Rotarmisten in Wild-West-Manier auf der Strecke zwischen Leipzig und Ost-Berlin Busse überfallen und die Fahrgäste ausrauben. Im «Time Magazine» stand zu lesen, *Torn Curtain* rieche «nach Mottenkugeln»[207].

Eine solch vernichtende Kritikerschelte hatte der Film aber nicht verdient. *Torn Curtain* war nicht gänzlich mißlungen, sondern zeigte lediglich technische und dramaturgische Schwächen, die man einem anderen, weniger bekannten Regisseur vielleicht verziehen hätte. Doch nach seinen grandiosen Erfolgen in den fünfziger Jahren erwartete man von Hitchcock stets Höchstleistungen; präsentierte er einen nur mittelmäßigen Film, hieß es in Fachkreisen sogleich, Hitchcocks Ära sei zu Ende. Dabei bewies manches in *Torn Curtain,* daß seine Kreativität und sein Mut, filmisch Neues zu wagen, keineswegs verbraucht waren. Das

Vor seinem Haus in Hollywood, 10957 Bellagio Road

demonstrierte er vor allem mit einer Sequenz, die in ihrer affektiven Qualität den Vergleich mit der Duschszene in *Psycho* nicht zu scheuen brauchte: Die Ermordung des von Wolfgang Kieling dargestellten Stasi-Agenten durch Paul Newman. Die durch ihren Realismus schockierende Sequenz zeigt in allen grausamen Einzelheiten die Tortur eines Zweikampfes auf Leben und Tod. *Mit dieser sehr langen Mordszene wollte ich mich einmal gegen ein Klischee absetzen. Im allgemeinen passieren in Filmen die Morde sehr schnell, ein Messerstich, ein Schuß [...]. Deshalb dachte ich, es wäre an der Zeit, einmal zu zeigen, wie schwierig, mühsam und zeitraubend es ist, einen Mann umzubringen.*[208]

Nachdem das Jubiläum zu seinem fünfzigsten Kinofilm (die beiden Kurzfilme für die Résistance, *Elstree Calling* und den unvollendeten *Number Thirteen* nicht mitgerechnet) gänzlich anders ausgefallen war als erhofft, zog sich Hitchcock längere Zeit fast völlig in sein Privatleben zurück. Nach einem ausgedehnten Urlaub im vertrauten Domizil in St. Moritz verbrachte er das Jahr 1967 nahezu abgeschieden in seinem Haus. Doch im Mai 1968 sorgte er bei Presse und Publikum für eine Überraschung, als er bekanntgab, daß er an einem neuen Film arbeite. *Topaz (Topas)*, nach dem gleichnamigen Bestseller von Leon Uris, behandelt ein ähnliches Sujet wie *Torn Curtain* und erzählt die verwickelten Abenteuer eines französischen Geheimdienstmanns, der 1962 für die CIA auf Kuba auszuspionieren versucht, was die Sowjets dort im Schilde führen. Zugleich soll er herausfinden, wer von seinen französischen Agentenkollegen NATO-Geheimnisse an die Gegenseite verrät.

Selbst den an der Produktion Beteiligten erschien die Filmhandlung verzwickt und unübersichtlich, doch die Inszenierung wurde noch zusätz-

Die Hitchcocks in der Küche

lich erschwert, weil das Skript nicht rechtzeitig fertig war und erst während der Dreharbeiten peu à peu geliefert wurde. Zwar gelang die technische Ausführung in *Topaz* wesentlich besser als im vorhergegangenen Film, aber dafür gab es andere Schwachstellen: Die Exposition erwies sich als viel zu lang, und vor allem die Vielzahl der sich kreuzenden Handlungsstränge sorgte für Verwirrung. Und wie in *Torn Curtain* fehlte auch in *Topaz* jeglicher Witz und Humor, statt dessen wirkte der Film steril und mit falschem Pathos unterlegt.

So war auch Hitchcocks zweiter Versuch mit der Thematik des Kalten Krieges gescheitert. Als *Topaz* 1969 Premiere hatte, war das öffentliche Interesse sehr gering. Die Erwartungen, der Geschmack und die Sehgewohnheiten des Publikums hatten sich geändert, ohne daß Hitchcock dies so recht bewußt geworden war: Das internationale Filmschaffen hatte neue Themen und Formen gefunden. Neorealismus, Zeit- und Sozialkritik standen auf dem Programm, die künstlerisch interessantesten Entwicklungen fanden im unabhängigen Autoren- und «Underground»-Kino statt, und bei den Großproduktionen der dominierenden Hollywood-Firmen setzte man auf actionreiche Spektakel. Auf dem Unterhaltungssektor waren zwar Agenten- und Spionagefilme, gerade auch mit Anspielungen auf den Ost-West-Konflikt, en vogue, wie die Serie der James Bond-Streifen [209] bewies. Doch Hitchcocks halbherziger Versuch, sich mit *Torn Curtain* und *Topaz* an Grundmuster der James Bond-Filme – ein Mann kämpft ganz auf sich gestellt mit einem übermächtigen Feind, der die Weltherrschaft an sich reißen will – anzulehnen, mußte fehlschlagen, weil sich sein Konzept der zwischenmenschlichen Destruktivität nicht auf das Feld der internationalen Politik übertragen ließ, ohne unglaubhaft und einfältig zu erscheinen.

Während der Arbeit an «Topaz», 1968

Eine Ära geht zu Ende

Obwohl Hitchcock nach *The Birds,* der 1963 in den Kinos anlief, keinen Film mehr geliefert hatte, der ein Publikumsrenner wurde, häuften sich in den sechziger Jahren die Ehrungen und Auszeichnungen. Schon 1963 veranstaltete das New Yorker Museum of Modern Art eine große Hitchcock-Retrospektive mit Zeugnissen zu seinem Leben und Werk. Am 7. März 1965 erhielt er für seinen «historischen Beitrag zum amerikanischen Kino»[210] den von den Filmproduzenten gestifteten «Milestone Award». Im Juli 1966 überreichte ihm der New Yorker Bürgermeister die Ehrenmedaille der Stadt, und einen Monat später wurde ihm in London eine offizielle Ehrung der britischen Association of Cinematograph, Television and Allied Technicians (ACTT) zuteil. Knapp zwei Jahre später, im April 1968, folgte der renommierte Thalberg-Preis der Academy of Motion Picture Arts and Sciences, und im Monat darauf verlieh ihm die Universität von Kalifornien die Ehrendoktorwürde.

Die Stafette von Preisen, Ehrungen und Auszeichnungen riß auch in den folgenden Jahren nicht ab. Außer in den Vereinigten Staaten, deren Bürger er seit 1955 war, und in seinem Geburtsland Großbritannien genoß er vor allem in Frankreich besondere Wertschätzung. 1969 ernannte ihn die französische Regierung zum «Officier des Arts et des Lettres», und zwei Jahre darauf wurde er in den Kreis der «Cinémathèque Française» aufgenommen. Nicht erst seit er Mitte der fünfziger Jahre an der Côte d'Azur *To Catch a Thief* gedreht hatte, war er in französischen Cineastenkreisen zum Gesprächsthema geworden. Die Redakteure der angesehenen avantgardistischen Filmzeitschrift «Cahiers de Cinéma» erkannten als erste in Hitchcock den Schöpfer von hochrangigen Filmkunstwerken und legten in zahlreichen Artikeln dar, daß er zu Unrecht im Ruf stand, nichts anderes als triviale Unterhaltungsware zu verfertigen. Im Oktober 1954 widmeten ihm die «Cahiers» ein Sonderheft, und als erste Buchveröffentlichung über Hitchcock überhaupt erschien 1957 eine von Claude Chabrol und Eric Rohmer verfaßte Monographie, in der sämtliche Filme Hitchcocks bis zu *The Wrong Man* behandelt wurden.[211] Für Claude Chabrol, Jean-Luc Godard, Eric Rohmer und François

Hitchcock wird Ritter der französischen Ehrenlegion, 1971.
Rechts Henri Langlois

François Truffaut

Truffaut – allesamt Mitarbeiter der Zeitschift – war Hitchcock ein «auteur», der seine individuelle Handschrift in allen seinen Filmen zum Ausdruck brachte. Als Ende der fünfziger Jahre die «Cahiers»-Redakteure von der Theorie zur Praxis übergingen und mit der «Nouvelle vague» das französische Kino reformierten, war nicht zu übersehen, daß Hitchcock stilistisch wie thematisch einen entscheidenden Einfluß auf sie ausübte.

So ehrenhaft all die Auszeichnungen, auch waren, vermittelten sie doch einen schalen Beigeschmack. Denn zum einen war ihm der wohl wichtigste Filmpreis, der «Oscar» für die beste Regieleistung, stets versagt geblieben, obgleich er fünfmal, für *Rebecca, Lifeboat, Spellbound, Rear Window* und *Psycho,* nominiert worden war [212]. Zum anderen aber hinterließen die Ehrungen den Eindruck, daß nunmehr sein Lebenswerk abgeschlossen sei, daß man nichts mehr von ihm erwartete und auch nichts mehr erwarten durfte. Er war zu einem «Klassiker» geworden, zu einem lebenden Denkmal. Die Ära Hitchcock war – so schien es – endgültig vorüber.

Das sollte sich als Irrtum erweisen. Der Regisseur, der mittlerweile das Greisenalter erreicht hatte, verblüffte alle, als er 1972 seinen neuen Film *Frenzy* vorstellte. Nach mehr als zwanzig Jahren war Hitchcock an den Ursprungsort seiner Karriere, nach London, zurückgekehrt und hatte dort in dem Milieu, das ihm von seiner Kindheit her vertraut war, dem Marktviertel von Covent Garden, die *Geschichte eines Mannes* inszeniert, *der impotent ist und sich deshalb durch Mord ausdrückt.*[213]

Frenzy bedeutete nicht nur eine Rückkehr zu seinen biographischen Wurzeln, sondern auch eine thematische Wiederaufnahme des ersten «richtigen» Hitchcock-Films *The Lodger* aus dem Jahr 1926. In beiden Werken geht es um einen pathologischen Frauenmörder. In *Frenzy* bot Hitchcock noch einmal alles auf, was man von seinen besten Zeiten her kannte. Der Film brilliert mit schockierenden Szenen, denen kontrastiv eine ironische Parallelhandlung beigegeben ist, zeigt kameratechnische Bravourstücke und fasziniert durch eine spannende Handlung. Schockierender vielleicht noch als der Film selbst war die Tatsache, daß er von einem über siebzigjährigen gebrechlichen Regisseur stammte. Denn *Frenzy* wirkt wie das zornige Bekenntnis eines welt- und menschenverachtenden Zynikers, der keine Hoffnungen oder Illusionen mehr hat. Nie zuvor hatte Hitchcock die Gewalt gegen eine Frau so drastisch und opulent in Szene gesetzt. Im Vergleich zu der in *Frenzy* präsentierten Vergewaltigung und Strangulierung des weiblichen Opfers wirkt der in *Psycho* dargestellte Mord unter der Dusche wie eine subtile, kunstfertig durchgeführte Aktion.

Abgesehen von der misanthropischen Stimmung, die in *Frenzy* herrscht, offerierte der Film inhaltlich wie gestalterisch nichts, was nicht

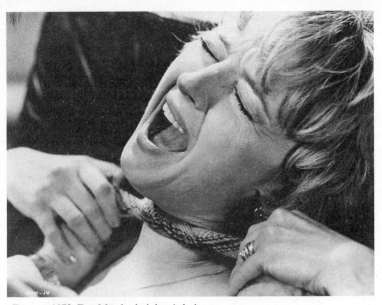

«Frenzy» 1972: Der Mörder bei der Arbeit...

...und beim Abtransport seines Opfers

schon aus früheren Hitchcock-Werken bekannt gewesen wäre. Der zum Klassiker avancierte Meister des Suspense zitierte sich selbst, und er konnte es sich leisten. Der Erfolg von *Frenzy* war nahezu einhellig. Nur in England bemängelten Kritiker, daß Hitchcock ein London dargestellt habe, das längst nicht mehr existiere; sein Blick auf seine Heimatstadt habe zu obsoleten Bildern geführt. Solche Einwände verhinderten aber nicht, daß er mit *Frenzy* ein großes Comeback feiern konnte. Hitchcock hatte bewiesen, daß er noch nicht zum alten Eisen gehörte.

Nicht zu übersehen war jedoch, daß ihm körperliche Beschwerden, hervorgerufen vor allem durch exzessives Essen und Trinken, immer mehr zu schaffen machten. Auch der Filmcrew in London fiel sein starker Alkoholkonsum auf, der sich noch steigerte, als während der Dreharbeiten Alma Hitchcock einen Schlaganfall erlitt und deshalb schnellstens zur Behandlung nach Los Angeles zurückgeflogen werden mußte.

Die Regierung seines Geburtslandes ließ es sich nicht nehmen, den Meisterregisseur zu ehren. Im März 1971, während der Aufnahmen zu *Frenzy*, wurde er als Ehrenmitglied in die Society of Film and Television aufgenommen. In der Royal Albert Hall überreichte ihm eine Angehörige des britischen Königshauses, Prinzessin Anne, die Auszeichnung.

Obwohl sich im Frühling 1972 der Gesundheitszustand seiner Frau wieder deutlich besserte, merkten die Menschen in Hitchcocks Umgebung, daß ihn der Vorfall sehr mitgenommen hatte. Völlig unerwartet war er mit dem Gedanken konfrontiert worden, den für sein Leben wichtigsten Menschen verlieren zu können, eine Vorstellung, die er bislang wohl gern beiseite geschoben hatte. Seine Ehe mit Alma war trotz seiner erotischen Begierden anderen Frauen gegenüber stets ein Faktor der Stabilität gewesen. Nicht zuletzt war Alma auch seine wichtigste Ratgeberin in allen Fragen, die seine filmische Arbeit betrafen. Vielleicht wurde ihm zu diesem Zeitpunkt bewußt, wie abhängig sein eigenes Dasein von dem Umstand war, Alma an seiner Seite zu wissen. Einem Reporter vertraute er an, er *hasse es, allein zu sein. Alma weiß das auch. [...] Sie nimmt eine Menge in Kauf mit mir.*[214] Bei einer anderen Gelegenheit meinte er, die Frau habe immer die dominierende Rolle innerhalb einer Beziehung.[215]

1973 erreichte Hitchcocks Körpergewicht wieder den Stand von Anfang der vierziger Jahre, an die 150 Kilo. Doch schon für den Oktober des gleichen Jahres plante er den Beginn der Arbeit an seinem nächsten Film. Er traf sich deshalb regelmäßig zu Drehbuch-Besprechungen mit Ernest Lehman, der ihm das Script zu einem seiner größten Erfolge, *North by Northwest*, geliefert hatte. Die Vorbereitungen für das neue Projekt, für das sich lange Zeit kein passender Titel finden wollte, zogen sich über das ganze folgende Jahr hin.

Unterbrochen wurde die Arbeit durch eine weitere hohe Auszeichnung, mit der Hitchcock für sein Lebenswerk geehrt wurde. Die «Film Society of Lincoln Center» in New York veranstaltete im April 1974 eine große Gala, bei der die verschiedenen Stationen in Hitchcocks filmischem Werdegang dokumentiert wurden. In seiner Dankesrede zeigte sich der Gefeierte, dem die Spuren des Alters bereits deutlich anzumerken waren, noch einmal in seiner besten Showmaster-Form, als witziger Unterhalter mit makabrem Humor: *Wie Sie gesehen haben, scheint Mord mein liebstes Thema zu sein. Da ich die Welle der Gewalt, die zur Zeit über unsere Bildschirme flimmert, nicht mag, wollte ich das Thema Mord immer auf delikate Weise abhandeln. Und darüber hinaus denke ich, daß Mord mit Hilfe des Fernsehens zu den Leuten nach Hause gebracht werden sollte. Denn genau da gehört er hin. Viele unserer exquisitesten Morde wurden zu Hause begangen. Einfühlsam durchgeführt, an vertrauten Orten, wie auf dem Küchentisch oder in der Badewanne. Nichts hat mein Anstandsgefühl mehr erschüttert als ein Verbrecher aus der Unterwelt, der fähig war, jeden Beliebigen umzubringen – selbst ohne ihm vorher ordentlich vorstellt worden zu sein. Sicherlich werden Sie mir auch alle zustimmen, daß es für ein Opfer wesentlich charmanter und angenehmer ist, in einer hübschen Umgebung von wirklichen Damen oder Gentlemen, so wie Sie alle es sind, umgebracht zu werden. […] Man erzählt mir, daß jede Minute ein Mord begangen wird, deshalb, meine Damen und Herren, möchte ich Ihre Zeit nicht vergeuden. Ich weiß, Sie wollen sich an die Arbeit machen. Danke schön.*[216]

In den folgenden Monaten klagte Hitchcock immer häufiger über Schwindelanfälle und Schmerzen in der Brust. Auf Anraten seiner Ärzte ließ er sich im Herbst 1974 einen Herzschrittmacher implantieren. Die Operation verlief jedoch nicht reibungslos, es traten Komplikationen auf. Zudem war ein weiterer medizinischer Eingriff notwendig, um Nierensteine zu entfernen.

Trotz nicht nachlassender Beschwerden nahm Hitchcock im Mai 1975 die Dreharbeiten zu dem Film auf, der sein letzter werden sollte. Er erhielt den zweideutigen Titel *Family Plot*[217]. Während der Aufnahmen klagte er häufig über Schmerzen, die ihm seine Arthritis verursachte. Seinen Mitarbeitern fiel auf, daß der inzwischen Fünfundsiebzigjährige oft sehr erschöpft wirkte und sich nicht mehr richtig auf die Arbeit konzentrieren konnte oder wollte. Trotz dieser Belastungen gelang es ihm, mit *Family Plot* einzulösen, was er wenige Monate zuvor verkündet hatte, nämlich daß *die Filme, die ich mache, […] komische Thriller*[218] sein sollen. Es war wieder einmal eine abrupte Kehrtwendung: Nach dem pessi-

Hitchcock mit Bruce Dern bei den Dreharbeiten für seinen letzten Film: «Family Plot», 1975

mistisch-bitteren Film *Frenzy* knüpfte Hitchcock in *Family Plot* an die Tradition der ironisch-witzigen Crime Stories mit ihrem etwas verwinkelten Handlungsgeflecht an, mit denen er in den dreißiger Jahren berühmt geworden war.

Wie ein ironischer Abschiedsgruß des Regisseurs an sein Publikum muten zwei kurze Einstellungen an, die mit dem eigentlichen Geschehen von *Family Plot* nichts zu tun haben. Bei der einen handelt es sich um Hitchcocks üblichen Gastauftritt: Man sieht ihn – oder besser: die markante Silhouette seines Kopfes – hinter einer Glastür mit der Aufschrift «Registratur für Geburten und Todesfälle»; sollte das als Fingerzeig gemeint sein, daß er, als kranker Mann bereits gezeichnet, mit seinem filmischen Schaffen auf eine Art Wiedergeburt hoffte? Von symbolischem Wert ist schließlich auch die Schlußszene, in der die Hauptdarstellerin Barbara Harris mit komplizenhafter Geste dem Zuschauer zuzwinkert – das schelmische Finale eines Lebenswerks, denn *Family Plot* blieb der letzte vollendete Hitchcock-Film.

Nach dem Ende der Dreharbeiten im Sommer 1975 verschlimmerten sich seine Erschöpfungszustände. Das hielt ihn aber nicht davon ab, weiterhin große Mengen Alkohol zu konsumieren, vor allem nachdem Alma erneut einen Schlaganfall erlitten hatte und von da an immer abweisender und verschlossener wurde.

Kaum hatte im April 1976 die Premiere von *Family Plot* stattgefunden, kündigte Hitchcock an, sein nächstes Projekt handle von Gangstern, *die eine bestimmte Leiche suchen, aber natürlich taucht eine falsche auf* [219]. Der Film sollte «The Short Night» heißen. Als habe er keine Zeit mehr zu verlieren, begann er sofort mit der Arbeit und traf sich mit seinem Drehbuchautor zu ausführlichen Konferenzen. Es war aber nicht zu übersehen, daß ihm das Dasein keine große Freude mehr bereitete. Ernest Lehman, sein Mitarbeiter, berichtete, Hitchcock habe «sowohl Probleme mit seiner Gesundheit als auch mit seinem Gefühlsleben [gehabt]. Jeden Morgen betrat ich mit der gleichen Angst sein Haus und fragte mich, ob er guter Laune sei und wie er heute auf unsere Arbeit reagieren würde, soweit er überhaupt dazu Lust hatte.»[220] Lehman gewann den Eindruck, Hitchcock wollte um jeden Preis «der Welt und sich […] beweisen, daß er noch immer ein Filmemacher war, der einen neuen Film in Vorbereitung hatte»[221].

Eine große Feier zu seinen Ehren, die das Amerikanische Filminstitut im März 1979 in Beverly Hills veranstaltete, stand er nur noch mit viel Mühe durch. Die längst fällig gewesene Entziehungskur, der er sich im Herbst zuvor unterzogen hatte, erbrachte nicht die erhoffte Befreiung von der Alkoholsucht. Schon wenige Monate später trank er mehr denn je. Im Mai 1979 schließlich scheint ihm klargeworden zu sein, daß seine Kraft und Energie nicht mehr reichten, um den zuletzt geplanten Film zu realisieren. Daraufhin schloß er für immer sein Büro, entließ sämtliche Mitarbeiter und Sekretärinnen und zog sich völlig in sein Privatleben zurück. Als ihn Ingrid Bergman im Sommer in seinem Haus besuchte, erlebte sie einen Hitchcock, der sich seines baldigen Todes bewußt war.[222]

Ende 1979 erfuhr Hitchcock noch einmal hohe Anerkennung, als ihn die Britisch-Amerikanische Handelskammer zum «Mann des Jahres» kürte. Zu Weihnachten ernannte ihn schließlich die Queen zum «Knight Commander of the Britisch Empire», womit das Privileg verbunden war, sich von nun an «Sir Alfred Hitchcock» nennen zu dürfen. Bei der offiziellen Verleihung des Titels zeigte er sich aufgeweckt und scherzte mit den Anwesenden.

Das letzte Mal in der Öffentlichkeit zu sehen war Hitchcock am 16. April 1980. Bei der Preisverleihung des Amerikanischen Filminstituts hielt er die Laudatio. Wenige Tage danach diagnostizierten seine Ärzte drastische Funktionsstörungen der Leber und der Nieren. Dem Patienten, dessen körperlicher Verfall nicht mehr aufzuhalten war, wurde strengste Bettruhe verordnet. Am Morgen des 29. April 1980, gegen halb zehn, starb Alfred Hitchcock in seinem Haus in Los Angeles. Im Totenschein wurde «Nierenversagen» angegeben, dieselbe Todesursache wie bei seinem Vater und seiner Mutter.

Die Begräbnisfeier, die in der Kirche Zum Guten Hirten in Beverly Hills stattfand, hielt der Jesuitenpater Thomas Sullivan, ein langjähriger Bekannter von Hitchcock. Es entbehrt nicht der Ironie, daß Hitchcock ausgerechnet von einem «Polizisten der Religion»[223] – wie er die Jesuiten abschätzig titulierte – bestattet wurde. Aber vielleicht hätte er darauf erwidert: *Ich bin doch nicht gegen die Polizei, ich habe nur Angst vor ihr.*[224]

Anmerkungen

Die am häufigsten zitierten Quellen werden wie folgt abgekürzt:

TR = François Truffaut: Mr. Hitchcock, wie haben Sie das gemacht? München 1985

SP = Donald Spoto: Alfred Hitchcock. Die dunkle Seite des Genies. München 1986

TY = John Russell Taylor: Die Hitchcock-Biographie. Frankfurt a. M. 1982

Übersetzungen von Hitchcock-Zitaten, die aus diesen drei Werken stammen, wurden vom Autor stilistisch und orthographisch bearbeitet; als Grundlage hierfür dienten die Originalausgaben: François Truffaut: Le Cinéma selon Hitchcock. Paris 1966; Donald Spoto: The Dark Side of Genius. The Life of Alfred Hitchcock. Boston 1983; John Russell Taylor: Hitch. The Life and Work of Alfred Hitchcock. New York 1978.

1 TR 308
2 Jean-Luc Godard. In: Libération, 2. Mai 1980
3 In dieser Hinsicht gleichrangig mit Hitchcock ist allenfalls Charles Chaplin, der aber weniger als Regisseur denn als Darsteller des «Tramp» weltberühmt wurde
4 TR 253
5 TR 253
6 TR 312
7 SP 24
8 SP 29
9 TR 21
10 Zit. nach Oriana Fallaci: Alfred Hitchcock. In: O. Fallaci: The Egotists. Chicago 1963, S. 249 (Übers. d. Autors)
11 TR 21
12 SP 27 f.
13 SP 606
14 SP 23
15 SP 29
16 TR 21 f.
17 In: Richard Schickel: The Man Who Made the Movies. TV-Interview (Übers. d. Autors)
18 In: Gene D. Phillips: Alfred Hitchcock. London 1986, S. 28 (Übers. d. Autors)
19 Fallaci, a. a. O., S. 224 (Übers. d. Autors)
20 Vgl. SP 45 f.
21 Vgl. SP 45 f.
22 TY 29
23 SP 47
24 TR 21
25 SP 52
26 TR 22
27 TR 22 f.
28 TR 23
29 TR 22
30 SP 55
31 SP 55 f.

32 Alfred Hitchcock: Gas. In: The Henley, Nr. 1, Juni 1919. (Übers. d. Autors in Anlehnung an die Übersetzung von Klaus Budzinski in: TY 32)

33 SP 73

34 TR 114

35 TR 113

36 Vgl. Rachael Low: The History of the British Film, 1906–1914. London 1949

37 Ebd., S. 138

38 TR 28

39 Vgl. SP 83 f.

40 TR 25

41 SP 90

42 Vgl. Eric Rohmer/Claude Chabrol: Hitchcock. Paris 1957, S. 37

43 Die Datierung dieses Ereignisses ist nicht zweifelsfrei belegt. Hitchcock behauptete gegenüber Taylor, es sei auf der Rückfahrt nach «The Blackguard», also 1924, gewesen (TY 61). Spoto hingegen datiert die Verlobung auf das Jahr 1923 und stellt sie in Zusammenhang mit der Arbeit an «The Prude's Fall» (SP 84).

44 TR 29–34

45 Phillips, a. a. O., S. 31 (Übers. d. Autors)

46 TR 29

47 Ausgabe vom 25. März 1926 (Übers. d. Autors)

48 Ausgabe vom März 1926, S. 60 (Übers. d. Autors)

49 TR 35

50 TR 35 f.

51 Bioscope, 7. Oktober 1926 (Übers. d. Autors)

52 TR 37

53 TR 37

54 TR 38

55 TR 37

56 TR 40 f.

57 Bioscope, 16. September 1926 (Übers. d. Autors)

58 Vgl. Low, a. a. O., S. 177

59 TR 45

60 TR 45

61 Vgl. SP 125 ff.

62 TR 47

63 TR 47

64 TR 47

65 TR 49

66 In solchen und ähnlich euphorischen Worten äußerten sich einhellig die Filmkritiker der Zeitungen «Daily Mail», «Daily News», «Daily Sketch» und «Daily Herald». Zit. nach der Anzeige in: Bioscope, 6. Oktober 1927 (Übers. d. Autors)

67 TR 50

68 SP 143

69 TR 52

70 TR 52

71 Vgl. Jerzy Toeplitz: Geschichte des Films, Bd. 1: 1895–1933. München 1987, S. 545 f.

72 Ebd., S. 545–569

73 TR 56 f.

74 TR 53

75 TR 53

76 TR 53

77 Vgl. Robert Payne: Der große Charlie. Eine Biographie des Clowns. Frankfurt a. M. 1952, S. 184

78 In: Peter Bogdanovich: The Cinema of Alfred Hitchcock. New York 1963, S. 13 (Übers. d. Autors)

79 Alfred Hitchcock: Film Production. In: Encyclopedia Britannica, Bd. 15. London 1972, S. 908

80 TR 216

81 TR 53

82 Walter B. Pitkin und William M. Morston: The Art of Sound Pictures. New York und London 1930, S. 11

83 Alfred Hitchcock: Direction. In: Albert LaValley (Hg.): Focus on Hitchcock. Englewood Cliffs 1972, S. 32–39; hier S. 37 (Übers. d. Autors)

84 Low, a. a. O., S. 192 (Übers. d. Autors)

85 In: LaValley, a. a. O., S. 27 (Übers. d. Autors)

86 Ebd. (Übers. d. Autors)

87 Der Titel bezieht sich auf den Namen des Studios («Elstree»)

88 TR 59

89 TR 59

90 TR 60

91 TR 60

92 TR 64

93 TR 67

94 A. Hitchcock: Direction, a. a. O., S. 38 (Übers. d. Autors)

95 TR 69

96 Vgl. SP 141

97 Vgl. SP 164

98 TR 71

99 TR 71

100 TR 73

101 TR 179

102 TR 74

103 TR 74

104 Variety, April 1935 (Übers. d. Autors)

105 Zit. nach George Perry: The Films of Alfred Hitchcock. New York 1965, S. 45 (Übers. d. Autors)

106 Alle Angaben aus: Michael Balcon/Ernest Lindgren/Forsyth Hardy/Roger Wanrell: Twenty Years of British Film 1925–1945. London 1947, S. 15

107 TR 74

108 A. Hitchcock: Direction, a. a. O., S. 36 f. (Übers. d. Autors)

109 Ebd., S. 32 (Übers. d. Autors)

110 André Bazin. In: LaValley, a. a. O., S. 63

111 In: LaValley, a. a. O., S. 25 (Übers. d. Autors)

112 A. Hitchcock: Direction, a. a. O., S. 34 (Übers. d. Autors)

113 TR 97

114 TR 101

115 A. Hitchcock: Direction, a. a. O., S. 35 (Übers. d. Autors)

116 Vgl. TR 81

117 In: Schickel, a. a. O. (TV-Interview; Übers. d. Autors)

118 «MacGuffin» war der Titel einer Standardnummer in Music Halls. Sie handelt von zwei Reisenden im Zug. Der eine möchte wissen, welch seltsames Gepäckstück der andere mit sich führt. Die Antwort lautet, dies sei ein MacGuffin, mit dem man im schottischen Hochland Löwen fängt: «Aber in Schottland gibt es doch gar keine Löwen!» – «Dann ist das auch kein MacGuffin.»

119 In: LaValley, a. a. O., S. 43 (Übers. d. Autors)

120 TR 244

121 TR 114

122 TR 114

123 TR 110

124 Vom Wortklang her kann es sowohl «Diktierer» als auch «Diktator» bedeuten

125 SP 577

126 Benannt nach dem ehemaligen US-Postminister William Hays, der 1922 erster Präsident der Organisation der Motion Picture Producers and Distributors of America (MPPA) wurde. Die MPPA setzte sich mit ihrem «Production Code» inoffizielle Regeln der (Selbst-)Zensur

127 TR 116

128 Bodo Fründt: Alfred Hitchcock und seine Filme. München 1986, S. 98

129 TR 145

130 Vgl. TY 237

131 Vgl. SP 272

132 Vgl. Hitchcocks Antwort in: SP 272

133 Die Fiktion wurde von der Wirklichkeit schon bald eingeholt. Zehn Tage nach der Premiere des Films am 28. August 1940 begann die deutsche Luftwaffe, London zu bombardieren

134 Zit. nach Joe Morella/Edward Z. Epstein/John Griggs: The Films of World War II. Secaucus 1973, S. 38

135 Ebd.

136 TR 123

137 TR 130

138 Vgl. TR 142 und Phillips, a. a. O., S. 104

139 Fründt, a. a. O., S. 118

140 «Transfert de culpabilité»: Rohmer/Chabrol, a. a. O., S. 78

141 TR 148

142 TR 147 f.

143 TR 148

144 Vgl. SP 319 und TY 225 f.

145 TR 154

146 Vgl. Ronald Haver: David O. Selznick's Hollywood. München 1981, S. 345

147 TR 158

148 TR 159

149 SP 329

150 Fründt, a. a. O., S. 134

151 Vgl. SP 339

152 Das gleiche Schicksal traf übrigens auch eine 1962 für das Fernsehen produzierte Neuverfilmung von «The Paradine Case»

153 Vgl. SP 309

154 Vgl. SP 350 f.

155 SP 611

156 SP (S. 310) und TY (S. 223) widersprechen einander in den Gewichtsangaben, die Differenz ist jedoch nicht gravierend

157 TR 174

158 Vgl. Fründt, a. a. O., S. 140

159 Vgl. SP 360

160 TR 183

161 TR 183

162 TR 179

163 TR 179

164 TR 179

165 TR 179

166 TR 184

167 TR 185

168 TR 185

169 TR 188

170 Raymond Chandler: Die simple Kunst des Mordes. Zürich 1958, S. 163

171 Ebd., S. 162

172 TR 188

173 TR 188

174 Vgl. Fründt, a. a. O., S. 155 f.

175 TR 200

176 TR 207

177 TR 207

178 TR 217

179 SP 613

180 Peter Buchka: Mord als schöne Kunst. In: Süddeutsche Zeitung, 17./18. März 1984

181 TR 212

182 TR 212

183 TR 211

184 TR 222

185 TR 223

186 TR 223

187 TR 224

188 TR 83

189 TR 238

190 TR 238

191 TY 289

192 TR 220

193 Brian Anger: Hollywood Babylon, Bd. II. München 1985, S. 163 f.

194 Es handelt sich um den nie realisierten Film «No Bail for the Judge»

195 Vgl. SP 491–493

196 Bestimmendes Element im Handlungsgefüge eines «road movie» ist, daß die Hauptakteure zumeist ruhelos von einem Ort zum anderen reisen oder fliehen müssen

197 TR 275

198 TR 291

199 SP 559

200 In den achtziger Jahren wurde ein Teil der Folgen neu verfilmt. Die originalen An- und Abmoderationen Hitchcocks – elektronisch koloriert – wurden beibehalten

201 Vorspann zu der Folge «Breakdown» («Scheintot»)

202 Außer in den beiden genannten Serien inszenierte Hitchcock jeweils eine Folge für die Reihen «Suspicion» und «Ford Startime»

203 SP 626

204 SP 422

205 TY 273

206 Ursprünglich sollte Vladimir Nabokov das Drehbuch schreiben; er lehnte den Auftrag aber ab. Vgl. Sight and Sound, Frühjahr 1990, S. 105

207 Zit. nach Robert A. Harris/Michael S. Lasky: Alfred Hitchcock und seine Filme. München 1979, S. 239

208 TR 300

209 Es entbehrt nicht der Ironie, daß die James Bond-Streifen ihrer Dramaturgie nach ein billiger Abklatsch von Hitchcocks Meisterwerk «North by Northwest» sind

210 Zit. nach SP 565

211 Eric Rohmer/Claude Chabrol: Hitchcock. Paris 1957

212 Hitchcock tat dies auf witzig-saloppe Art ab, indem er meinte, er benötige keinen «Oscar», denn er habe bereits einen Türstopper (vgl. Phillips, a. a. O., S. 180)

213 SP 597

214 SP 582

215 Vgl. SP 610

216 SP 618 f.

217 Je nach Zusammenhang bedeutet es «Familiengrab» oder «Familienbande»

218 SP 618

219 SP 629

220 Zit. nach SP 630

221 Ebd., S. 631

222 Vgl. SP 644

223 Phillips, a. a. O., S. 28

224 TR 96

Zeittafel

1899	Am 13. August wird Alfred Joseph Hitchcock als drittes Kind des Gemüsehändlers William Hitchcock und seiner Frau Emma, geb. Whelan, in Leytonstone bei London geboren.
	Am 14. August kommt Alfred Hitchcocks spätere Ehefrau Alma Lucy Reville in Nottingham zur Welt
1907	Umzug der Familie Hitchcock nach Poplar bei London
1910	Die Hitchcocks ziehen nach London in den Stadtteil Stepney. Ab Oktober besucht Alfred für drei Jahre das St. Ignatius College in Stamford Hill/London
1913	Hitchcock beendet seine Schulausbildung und belegt an der Londoner Universität verschiedene Abendkurse
1914	Am 12. Dezember Tod des Vaters William Hitchcock
1915	Vom Frühjahr an arbeitet Hitchcock als Büroangestellter bei der Henley Telegraphen- und Kabelgesellschaft
1919	Im Juni wird in der Betriebszeitschrift der Firma Henley Hitchcocks Kurzgeschichte *Gas* veröffentlicht
1920	Hitchcock bewirbt sich bei der amerikanischen Filmgesellschaft Famous Players-Lasky, die in Islington/London ein Studio betreibt, und wird für den Entwurf von Zwischentiteln engagiert
1921	Hitchcock lernt bei Famous Players-Lasky seine spätere Ehefrau, die Cutterin Alma Reville, kennen
1922	Hitchcock lernt vom amerikanischen Regisseur George Fitzmaurice und anderen amerikanischen Filmschaffenden Techniken der Filmarbeit. Zum Jahresende wird Hitchcock unerwartet mit der Regie für *Mrs. Peabody (Number Thirteen)* beauftragt
1923	Die Firma Famous Players-Lasky ist finanziell gescheitert. Michael Balcon, Victor Saville und John Freedman übernehmen das Studio in Islington. Bei ihrem ersten Film, *Woman to Woman*, arbeitet Hitchcock als Regieassistent
1924	Balcon gründet die «Gainsborough Pictures». Hitchcock arbeitet in verschiedenen Funktionen mit an den Filmen *The White Shadow, The Passionate Adventure, The Prude's Fall* und *The Blackguard*, der in den Berliner Studios der UFA entsteht. Dort lernt er den deutschen expressionistischen Film kennen. Verlobung mit Alma Reville
1925	Hitchcocks erste eigenständige Regiearbeiten: *The Pleasure Garden* und *The Mountain Eagle*. Beide Filme entstehen in den Emelka-Studios in München

1926	Regie von *The Lodger.* Am 2. Dezember heiratet Hitchcock Alma Reville
1927	Regie von *Dowhnhill* und *Easy Virtue* für Balcon. Danach wechselt Hitchcock zur Filmgesellschaft British International Pictures (BIP). Für sie dreht er *The Ring* (nach seinem ersten Originaldrehbuch) und *The Farmer's Wife*
1928	Regie von *Champagne* und *The Manxman.* Am 7. Juli Geburt der Tochter Patricia Alma. Drehbuch und Regie zu *Blackmail*
1929	*Blackmail* wird als «erster englischer Tonfilm» uraufgeführt
1930	Hitchcock verfilmt Sean O'Caseys Bühnenstück *Juno and the Paycock.* Gründung der «Hitchcock Baker Productions» zur besseren Selbstvermarktung seiner Person. Er führt Regie bei der Rahmenhandlung des Revuefilms *Elstree Calling,* bei *Murder!* und *The Skin Game*
1931	Zum Jahresende Weltreise zusammen mit Ehefrau Alma und Tochter Patricia
1932	Regie von *Number Seventeen* und *Rich and Strange.* Produzent von «Lord Camber's Ladies». Nach dieser Arbeit wird er von seiner Firma BIP entlassen
1933	Regie von *Waltzes from Vienna.* Er begegnet dabei erneut Michael Balcon, der ihn für die Filmgesellschaft Gaumont-British engagiert
1934	Regie von *The Man Who Knew Too Much.* An Weihnachten erstmals Familienurlaub in St. Moritz, der von da an zu einer festen Einrichtung wird
1935	Regie von *The Thirty-nine Steps* und *Secret Agent*
1936	Regie von *Sabotage.* Als Gaumont-British finanziell scheitert, wechselt Hitchcock zur Produktionsfirma Gainsborough
1937	Regie von *Young and Innocent.* Erste Amerikareise. Danach Regie von *The Lady Vanishes*
1938	Im Juni erneut Reise in die USA. Im Juli unterzeichnet Hitchcock einen Vertrag mit dem unabhängigen Produzenten David O. Selznick. Im Herbst Regie von *Jamaica Inn.* Er erhält den New Yorker Kritikerpreis als «bester Regisseur des Jahres»
1939	Im März übersiedelt die Familie Hitchcock nach Los Angeles. Hitchcock lernt dort unter anderem Thomas Mann und Ernest Hemingway kennen. Im Herbst Regie von *Rebecca.* Selznick produziert «Gone with the Wind» («Vom Winde verweht»)
1940	Erste Zerwürfnisse mit Selznick. Regie von *Foreign Correspondent* und *Mr. and Mrs. Smith*
1941	Regie von *Suspicion*
1942	Hitchcocks Tochter Patricia absolviert am Broadway ihr Bühnendebüt. Zusammen mit Thornton Wilder schreibt Hitchcock das Drehbuch zu *Shadow of a Doubt,* bei dem er noch im gleichen Jahr Regie führt. Regie von *Saboteur.* Am 26. September stirbt Hitchcocks Mutter in England
1943	Am 4. Januar nimmt sich Hitchcocks Bruder William in London das Leben. Regie von *Lifeboat*
1944	In London führt Hitchcock Regie bei dem Kurzfilm *Bon Voyage* und *Aventure Malgache,* die zur Unterstützung der französischen Résistance gedreht werden. Nach der Rückkehr in die USA Beginn der Arbeit an *Spellbound,* an dem auch Salvador Dalí mitwirkt
1945	Regie von *Notorious*

1946	Wegen der absehbaren Trennung von Selznick gründet Hitchcock seine eigene Produktionsfirma, Transatlantic Pictures
1947	Letzte Arbeit für Selznick: *The Paradine Case*
1948	Erster Film als sein eigener Produzent: *Rope* (zugleich Hitchcocks erster Farbfilm). Regie von *Under Capricorn*
1949	Regie von *Stage Fright.* Hitchcocks Produktionsfirma wird aufgelöst, er arbeitet jetzt mit Warner Brothers zusammen
1950	Regie von *Strangers on a Train,* nach dem Buch von Patricia Highsmith. Hitchcocks Tochter Patricia spielt erstmals eine Rolle in einem Film ihres Vaters
1952	Regie von *I Confess*
1953	Regie von *Dial M for Murder* (in dreidimensionaler Technik) und *Rear Window*
1954	Regie von *To Catch a Thief,* der in Südfrankreich gedreht wird, und *The Trouble with Harry*
1955	Regie von *The Man Who Knew Too Much,* das einzige Remake, das Hitchcock gedreht hat. Er wird US-amerikanischer Staatsbürger. Im Oktober beginnt die Fernsehserie «Alfred Hitchcock Presents» mit der Folge *Revenge*
1956	Regie von *The Wrong Man*
1957	Im Herbst Dreharbeiten zu «From Amongst the Dead», der später den Titel *Vertigo* erhält. Am 30. September wird als erste Folge der Fernsehserie «Suspicion» die von Hitchcock inszenierte Episode *Four O'Clock* gezeigt. Claude Chabrol und Eric Rohmer veröffentlichen die erste Hitchcock-Monographie und leiten so seine weltweite Anerkennung als Filmkünstler ein
1958	Regie von *North by Northwest*
1959	Das Filmprojekt «No Bail for the Judge» scheitert. Im Herbst Drehbeginn zu *Psycho*
1962	Regie von *The Birds.* Es herrschen gespannte Beziehungen zwischen Hitchcock und seiner Hauptdarstellerin Tippi Hedren
1963	Regie von *Marnie*
1965	Im Spätherbst Drehbeginn zu *Torn Curtain*
1967	Nach der öffentlichen Kritik an seinen letzten Arbeiten zieht sich Hitchcock ein Jahr vollkommen von der Arbeit zurück
1968	Im Frühjahr erhält Hitchcock den «Irving G. Thalberg Memorial»-Preis; die Universität von Kalifornien ernennt ihn zum Ehrendoktor
1971	Regie von *Frenzy.* Die Dreharbeiten finden in London statt, Hitchcock dreht nach zwanzig Jahren wieder in seiner Heimat
1972	Hitchcock erhält den «Golden Globe» und die Ehrendoktorwürde der Universität von Columbia
1974	Im Oktober wird Hitchcock ein Herzschrittmacher implantiert
1975	Regie von *Familiy Plot.* Hitchcock leidet an Erschöpfungszuständen
1978	Im Frühjahr Arbeit am Drehbuch zu «The Short Night»
1979	Hitchcock wird im März mit dem «Life Achievement Award» des Amerikanischen Filminstituts geehrt. Deutlicher Verfall seiner körperlichen und geistigen Kräfte. Er zieht sich endgültig von der Filmarbeit zurück
1980	Am 16. März letzter Auftritt in der Öffentlichkeit. Am Morgen des 29. April stirbt Alfred Hitchcock an Nierenversagen

Zeugnisse

André Bazin
Die Filmsprache Alfred Hitchcocks ist sicherlich die brillanteste der Welt. Wir wissen jetzt, daß es bei spiralförmigen Kamerafahrten und beim Ausdruck geheimster Gefühlsregungen wie Befürchtung und Zweifel nichts Vergleichbares gibt. Er hat die Wahrnehmungsfähigkeit der Kamera erweitert, in einem Sinne, daß man die Ungewißheit geradezu spürt. [...] Die subjektive Kamera – sehr gut –, aber es wäre nötig, ein Thema zu haben!

Les enchaînés, in: L'Écran français, 16. März 1948

Peter Buchka
In allen seinen Filmen hat Hitchcock – darin ganz Brite und Nachfahre Shakespeares – die gegensätzlichen Elemente seiner Kunst augenzwinkernd vermischt, sie einander durchdringen lassen und dadurch dialektisch aufgehoben. In den fünfziger Jahren [...] stellte sich ihm als letzte Aufgabe die filmisch-essayistische Ausformulierung seiner ästhetischen Position. Dies hat er mit *Rear Window* und *Vertigo* eingelöst.

Mord als schöne Kunst, in: Süddeutsche Zeitung, 17./18. März 1984

Raymond Chandler
Was mich an Hitchcock fasziniert, ist die Art und Weise, wie er einen Film schon im Kopf inszeniert, bevor er überhaupt die Story kennt. [...] Er hat ein starkes Gespür für Bühnenwirksamkeit, für Stimmung und Hintergrund, weniger aber für den eigentlichen Gehalt der Sache. Ich glaube, daran liegt es auch, daß manche seiner Filme logisch aus den Fugen geraten und zu wilden Hetzjagden ausarten...

Brief an Hamish Hamilton, 4. September 1950

Bodo Fründt
Das große Publikum gewöhnte sich an, ihn als den Meister des Suspense zu sehen, den Regisseur, der einen in atemloser Spannung hielt. Mit seinen Filmen errichtete er eine eigene Welt. Einen Oscar, die höchste Auszeichnung Hollywoods, erhielt er nie für die Inszenierung eines seiner Filme. Erst im hohen Alter wurde er geehrt. Er war von Anfang an ein Meister der Selbstreklame. So sicherte er sich auf dem Umweg über seine Bekanntheit bessere Arbeitsbedingungen als andere. [...] Er liebte es, sich hinter seinem Image zu verstecken.

Alfred Hitchcock und seine Filme, München 1986

Jean-Luc Godard
Wenn man die erste Einstellung eines Films von Hitchcock sieht, weiß das Publikum sofort, daß es ein Film von Hitchcock ist. Wie bei den großen Malern gibt es bei ihm sofort ein Bild, und die Bilder folgen einander unaufhaltsam. Filmt er eine Blume, so ist das bereits eine Geschichte.

Filmkritik, Juni 1980

Ulrich Gregor / Enno Patalas
In jedem dieser Filme erfährt der Held an sich selbst oder an anderen die Zerbrechlichkeit der eigenen Identität: entweder wird er selbst gedrängt, ein anderer zu werden, oder er muß sehen, daß ein anderer nicht der ist, für den er ihn hielt.

Geschichte des Films, Reinbek 1986

James Monaco
Zu jener Zeit [in den vierziger Jahren] gab es in Hollywood kaum deutlich unterscheidbare, persönliche Handschriften. Alfred Hitchcock, der in England seinen Stil zur Reife gebracht hatte, war seit seiner Ankunft 1940 der ausgeprägteste Auteur in Hollywood. Er beherrschte ein halbes Jahrhundert lang das Genre des Thrillers. Im Grunde hat er es erfunden.

Film verstehen, Reinbek 1988

Eric Rohmer / Claude Chabrol
Hitchcock ist [...] einer der größten Erfinder von Formen in der gesamten Filmgeschichte. Nur Murnau und Eisenstein können in dieser Hinsicht vielleicht einem Vergleich mit ihm standhalten. [...] Die Form dient hierbei nicht der Ausschmückung des Inhalts; sie erschafft ihn vielmehr. Das ganze Werk Hitchcocks beruht auf dieser Methode.

Hitchcock, Paris 1957

Donald Spoto
Alfred Hitchcocks vielschichtiger Charakter wies die gegensätzlichsten Züge auf. Zum einen war er der Schöpfer poetischer Bilder der Angst und der Überraschung, der seinerseits beidem sorgfältig aus dem Weg ging [...]. Zum anderen gab es Hitchcock, den besessenen Techniker, der das Handwerk des reinen Kinos betrieb [...]. Da war der schamlose Darsteller eines englischen Großbürgers. Aber es gab auch den Reklamespezialisten, der sich darauf konzentrierte, seine eigene Karriere zu promoten. Es gab Hitchcock, den bescheidenen Familienvater [...]. Er war Chronist extremer Gefühlslagen. Er war der bullige, geschäftstüchtige Großunternehmer und der leidende Künstler.

Alfred Hitchcock. Die dunkle Seite des Genies, München 1986

Jerzy Toeplitz
Der Zuschauer nimmt beim Verlassen des Kinos Unruhe mit nach Hause; es ist nicht die konkrete, durch das gesehene Drama verursachte Unruhe, sondern eine philosophische Unruhe, die sich auf die Frage zurückführen läßt, ob die Welt, in der wir leben, gut eingerichtet ist. Vielleicht hatte im Film *Im Schatten des Zweifels* der negative Held recht, als er verbittert sagte, «die Welt ist ein einziger großer Saustall».

Geschichte des Films, München 1987

François Truffaut
So ist Hitchcock praktisch der einzige, der direkt, ohne die Hilfe erläuternder Dialoge, Gefühle wie Verdacht, Eifersucht, Lust, Begierde filmt. Das bringt uns zu dem folgenden Paradox: Alfred Hitchcock, der Regisseur, der wegen seiner Einfachheit und Klarheit wie kein anderer jedem Publikum zugänglich ist, versteht zugleich besser als irgendein anderer, die subtilsten Beziehungen zwischen Menschen zu filmen.

Mr. Hitchcock, wie haben Sie das gemacht? München 1985

Filmographie

Berücksichtigt wurden alle Filme, an denen Hitchcock als Regisseur oder in anderer Funktion mitgewirkt hat. (In Klammern werden, sofern nötig, die deutschen bzw. amerikanischen Verleihtitel angegeben.) Von den unter seinem Namen produzierten Fernsehfilmen wurden nur diejenigen aufgeführt, die Hitchcock selbst inszenierte.

Abkürzungen: R = Regie, Ra = Regieassistent, B = Drehbuch, Ba = Bauten, K = Kamera, D = Darsteller (Hauptrollen), P = Produktionsfirma bzw. Produzent, U = Uraufführung

1. Kinofilme

1922 **Always Tell Your Wife.** Nachdem Regisseur Hugh Croise sich mit dem Hauptdarsteller, Drehbuchautor und Produzenten Beymour Hicks überworfen hatte, drehten dieser und Hitchcock den Film zu Ende. P: Famous Players-Lasky. U: 1922
Number Thirteen (auch: **Mrs. Peabody**). R. Hitchcock. K: Rosenthal. D: Clare Greet, Ernest Thesiger. P: Hitchcock im Auftrag der Famous Players-Lasky. Der Film, Ende 1922 begonnen, blieb unvollendet.

1923 **Woman to Woman.** R: Graham Cutts. Ra: Hitchcock. B: Graham Cutts und Hitchcock nach einem Stück von Michael Morton. K: Claude L. McDonnell. Ba: Hitchcock. D: Betty Compson, Clive Brook, Josephine Earle, Marie Ault. P: Balcon-Saville-Freedman. U: 1923

1924 **The White Shadow.** R: Graham Cutts. B: Michael Morton. K: Claude L. McDonnell. Ba (und Schnitt): Hitchcock. D: Betty Compson, Clive Brook, A.B. Imeson, Henry Victor, Daisy Campbell, Olaf Hytton. P: Balcon-Saville-Freedman. U: 1924
The Prude's Fall. R: Graham Cutts. Ra: Hitchcock. B: Hitchcock. D: Betty Compson. P: Balcon-Saville-Freedman. U: 1924
The Passionate Adventure. R: Graham Cutts. Ra: Hitchcock. B: Hitchcock und Michael Morton nach einem Roman von Frank Stayton. K: Claude L. McDonnell. Ba: Hitchcock. D: Alice Joyce, Clive Brooks, Lillian Hall-Davies, Marjorie Daw, Victor McLaglen, Mary Brough, John Hamilton, J.R. Tozer, P: Gainsborough. U: 1924

1925 **The Blackguard.** R: Graham Cutts. B: Hitchcock nach einem Roman von Raymond Patton. D: Walter Rilla, Jane Novak, Bernhard Goetzke, Frank

143

Stanmore, Rosa Valetti, Dora Bergner, Fritz Alberti. P: Gainsborough/ UFA. U: 1925

1927 **The Pleasure Garden (Irrgarten der Leidenschaft).** R: Hitchcock B: Eliot Stannard nach einem Roman von Oliver Sandys. K: Baron Giovanni Ventimiglia. D: Virginia Valli, Carmelita Geraghty, Miles Mander, John Stuart, Nita Naldi. P: Gainsborough-Emelka. U: 1927

The Mountain Eagle (USA: **Fear o'God;** dt.: **Der Bergadler**). R: Hitchcock. B: Elliot Stannard. K: Baron Giovanni Ventimiglia. D: Bernhard Goetzke, Nita Naldi, Malcolm Keen, John Hamilton. P: Gainsborough-Emelka. U: 1927

The Lodger: A Story of the London Fog. R: Hitchcock. Ra: Alma Reville. B: Hitchcock und Eliot Stannard nach einem Roman von Marie Belloc-Lowndes. K: Baron Giovanni Ventimiglia. D: Marie Ault, Arthur Chesney, June Tripp, Malcolm Keen, Ivor Novello. P: Gainsborough. U: 1927

Downhill (USA: **When Boys Leave Home**). R: Hitchcock. B: Eliot Stannard nach einem Stück von Ivor Novello und Constance Collier. K: Claude McDonnell. D: Ivor Novello, Robin Irvine, Sybil Rhoda, Ben Webster, Lilian Braithwaite, Isabel Jeans, Ian Hunter. P: Gainsborough. U: 1927

Easy Virtue. R: Hitchcock. B: Eliot Stannard nach einem Stück von Noël Coward. K: Claude McDonnell. D: Isabel Jeans, Franklyn Dyall, Eric Bransby Williams, Ian Hunter, Robin Irvine, Violet Farebrother, Benita Hume. P: Gainsborough. U: 1927

The Ring (Der Weltmeister). R: Hitchcock. B: Hitchcock in Zusammenarbeit mit Alma Reville. K: John C. Cox. D: Carl Brisson, Lillian Hall-Davis, Ian Hunter, Gordon Harker, Harry Terry, Forrester Harvey, Tom Helmore. P: British International Pictures. U: 1927

1928 **The Farmer's Wife.** R: Hitchcock. B: Hitchcock nach einem Stück von Eden Phillpotts. K: John J. Cox. D: Jameson Thomas, Lillian Hall-Davis, Gordon Harker, Maud Gill, Louise Pounds, Olga Slade, Antonia Brough. P: British International Pictures. U: 1928

Champagne. R: Hitchcock. B: Eliot Stannard, adaptiert von Hitchcock, nach einer Geschichte von Walter C. Mycroft, K: John J. Cox. D: Betty Balfour, Jean Bradin, Gordon Harker, Ferdinand von Alten. P: British International Pictures. U: 1928

1929 **The Manxman.** R: Hitchcock. B: Eliot Stannard nach einem Roman von Hall Caine. K: John J. Cox. D: Karl Brisson, Malcolm Keen, Anny Ondra, Randle Ayrton. P: British International Pictures. U: 1929

Blackmail (Erpressung). R: Hitchcock. B: Hitchcock nach einem Stück von Charles Bennett; Dialoge von Benn W. Levy. K: John J. Cox. D: Anny Ondra, Sara Allgood, Charles Paton, John Longden, Donald Calthrop, Cyril Ritchard, Hannah Jones, Phyllis Monkman, Harvey Braban. P: British International Pictures. U: 1929

1930 **Elstree Calling.** R: Hitchcock, André Charlot, Jack Hulbert, Paul Murray. B: Val Valentine. K: Claude Friese-Green. P: British International Pictures. U: 1930

Juno and the Paycock. R: Hitchcock. B: Hitchcock und Alma Reville nach einem Stück von Sean O'Casey. K: John J. Cox. D: Sara Allgood, Edward Chapman, Marie O'Neill, Sidney Morgan. P: British International Pictures. U: 1930

Murder! (**Mord – Sir John greift ein**). R: Hitchcock. B: Alma Reville nach einem Roman und Theaterstück von Clemence Dane und Helen Simpson. K: John J. Cox. D: Norah Baring, Herbert Marshall, Miles Mander, Esme Percy, Edward Chapman, Phyllis Konstam, Donald Calthrop, Hannah Jones, Una O'Connor. P: British International Pictures. U: 1930

Sir John greift ein (deutsche Version von **Murder!**). Technischer Stab wie bei der englischen Version. D: Alfred Abel, Olga Tschechowa, Paul Graetz, Lotte Stein, Ekkehard Arendt, Jack Mylong-Münz, Louis Ralph, Hermine Sterler, Fritz Alberti, Hertha von Walter. P: British International Pictures/UFA. U: 1930

1931 **The Skin Game** (**Bis auf's Messer**). R: Hitchcock. B: Hitchcock und Alma Reville nach einem Stück von John Galsworthy. K: John J. Cox. D: C.V. France, Helen Haye, Edmund Gwenn, Jill Esmond, John Longden, Phyllis Konstam, Frank Lawton. P: British International Pictures. U: 1931

1932 **Rich and Strange** (USA: **East of Shanghai**; dt.: **Endlich sind wir reich**). R: Hitchcock. B: Alma Reville nach einer Idee von Dale Collins (Bearbeitung: Hitchcock). D: Henry Kendall, Joan Barry, Percy Marmont, Betty Amann, Elsie Randolph. P: British International Pictures. U: 1932

Number Seventeen (**Nummer Siebzehn**). R: Hitchcock. B: Alma Reville, Hitchcock und Rodney Ackland nach einem Roman und Stück von J. Jefferson Farjeon. D: Leon M. Lion, Anne Grey, John Stuart, Donald Calthrop, Barry Jones, Ann Casson, Henry Caine, Garry Marsh. P: British International Pictures. U: 1932

Lord Camber's Ladies. R: Benn W. Levy. B: Benn W. Levy nach einem Stück von Horace Annesley Vachell. D: Gertrude Lawrence, Sir Gerald du Maurier, Benita Hume, Nigel Bruce. P: Hitchcock im Auftrag der British International Pictures. U: 1932

1933 **Waltzes from Vienna** (USA: **Strauss's Great Waltz**). R: Hitchcock. B: Alma Reville und Guy Bolton nach einem Stück von Bolton. D: Jessi Matthews, Esmond Knight, Edmund Gwenn, Frank Vosper, Fay Compton. P: Tom Arnold. U: 1933

1934 **The Man Who Knew Too Much.** R: Hitchcock. B: Edwin Greenwood und A. R. Rawlinson nach einem Entwurf von Charles Bennett und D. B. Wyndham Lewis. K: Curt Courant. D: Leslie Banks, Edna Best, Nova Pilbeam, Peter Lorre, Frank Vosper, Hugh Wakefield, Pierre Fresnay, Cicely Oates, D.A. Clarke Smith, George Curzon. P: Gaumont-British. U: 1934

1935 **The Thirty-nine Steps** (**Die 39 Stufen**). R: Hitchcock. B: Charles Bennett und Alma Reville nach einem Roman von John Buchan. K: Bernard Knowles. D: Robert Donat, Madeleine Carroll, Lucie Mannheim, Godfrey Tearle, John Laurie, Peggy Ashcroft, Helen Haye, Frank Cellier, Wylie Watson, Gus MacNaughton, Jerry Verno, Peggy Simpson. P: Gaumont-British. U: 1935

1936 **Secret Agent** (**Geheimagent**). R: Hitchcock. B: Charles Bennett nach einem Stück von Campbell Dixon und Erzählungen von Somerset Maugham, bearbeitet von Alma Reville, Ian Hay und Helen Simpson. K: Bernard Knowles. D: John Gielgud, Madeleine Carroll, Peter Lorre, Robert Young, Percy Marmont, Florence Kahn, Charles Carson, Lilli Palmer, Michel Saint-Denis. P: Gaumont-British. U: 1936

Sabotage (USA: **A Woman Alone**; dt.: **Sabotage**). R: Hitchcock. B:

145

Charles Bennett nach einem Roman von Joseph Conrad, bearbeitet von Alma Reville, Ian Hay, Helen Simpson und E.V. H. Emmett. K: Bernard Knowles. D: Sylvia Sidney, Oscar Homolka, Desmond Tester, John Loder, Joyce Barbour, William Dewhurst, Martita Hunt, Peter Bull. P: Gaumont-British. U: 1936

1938 **Young and Innocent** (USA: **The Girl Was Young**; dt.: **Jung und unschuldig**). R: Hitchcock. B: Charles Bennett, Edwin Greenwood und Anthony Armstrong nach einem Roman von Josephine Tey, bearbeitet von Alma Reville und Gerald Savory. K: Bernard Knowles. D: Nova Pilbeam, Derrick de Marney, Percy Marmont, Edward Rigby, Mary Clare, John Longden, George Curzon, Basil Radford, Pamela Carme. P: Gainsborough/Gaumont-British. U: 1938

The Lady Vanishes (Eine Dame verschwindet). R: Hitchcock. B: Sidney Gilliat und Frank Launder nach einem Roman von Ethel Lina White, bearbeitet von Alma Reville. K: John J. Cox. D: Margaret Lockwood, Michael Redgrave, Dame May Whitty, Paul Lukas, Cecil Parker, Linden Travers, Naunton Wayne, Basil Radford, Mary Clare, Catherine Lacey, Josephine Wilson, Kathleen Tremaine, Emile Boreo, Googie Withers. P: Gainsborough. U: 1938

1939 **Jamaica Inn (Riff-Piraten).** R: Hitchcock. B: Sidney Gilliat und Joan Harrison nach einem Roman von Daphne du Maurier, bearbeitet von Alma Reville und J. B. Priestley. K: Harry Stradling und Bernard Knowles. D: Charles Laughton, Leslie Banks, Marie Ney, Maureen O'Hara, Robert Newton, Emlyn Williams, Wylis Watson, Mervyn Johns, Edwin Greenwood, Stephen Haggard. P: Mayflower Pictures. U: 1939

1940 **Rebecca (Rebekka).** R: Hitchcock. B: Robert E. Sherwood und Joan Harrison nach einem Roman von Daphne du Maurier, bearbeitet von Philip MacDonald und Michael Hogan. K: George Barnes. D: Laurence Olivier, Joan Fontaine, Judith Anderson, George Sanders, Florence Bates, Nigel Bruce, Gladys Cooper, C. Aubrey Smith, Melville Cooper, Leo G. Carroll, Forrester Harvey, Reginald Denny, Lumsden Hare, Philip Winter, Edward Fielding. P: David O. Selznick. U: 1940

Foreign Correspondent (Mord). R: Hitchcock. B: Charles Bennett und Joan Harrison, bearbeitet von James Hilton und Robert Benchley. K: Rudolph Mate. D: Joel McCrea, Laraine Day, Albert Bassermann, Robert Benchley, Edmund Gwenn, Harry Davenport, Eduardo Cianelli, Eddi Conrad, Frances Carson, Martin Kosleck, Gertrude W. Hoffman. P: Walter Wanger/United Artists. U: 1940

1941 **Mr. and Mrs. Smith (Mr. und Mrs. Smith).** R: Hitchcock. B: Norman Krasna. K: Harry Stradling. D: Carole Lombard, Robert Montgomery, Gene Raymond, Philip Merivale, Lucile Watson, Jack Carson, William Tracy. P: RKO Radio Pictures. U: 1941

Suspicion (Verdacht). R: Hitchcock. B: Samson Raphaelson, Joan Harrison und Alma Reville nach einem Roman von Francis Iles. K: Harry Stradling. D: Joan Fontaine, Cary Grant, Sir Cedric Hardwicke, Dame May Whitty, Nigel Bruce, Isabel Jeans, Heather Angel, Auriol Lee, Reginald Sheffield, Leo G. Carroll. P: RKO Radio Pictures. U: 1941

1942 **Saboteur (Saboteure).** R: Hitchcock. B: Peter Viertel, Joan Harrison und Dorothy Parker nach einer Idee von Hitchcock. K: Joseph Valentine.

D: Robert Cummings, Priscilla Lane, Otto Krüger, Alma Krüger, Norman Lloyd. P: Frank Lloyd/Universal. U: 1942

1943   **Shadow of a Doubt (Im Schatten des Zweifels).** R: Hitchcock. B: Thornton Wilder, Sally Benson und Alma Reville nach einer Geschichte von Gordon McDonnell. D: Joseph Cotten, Teresa Wright, MacDonald Carey, Patricia Collinge, Henry Travers, Hume Cronyn, Edna May Wonacott, Charles Bates, Wallace Ford, Eily Malyon, Estelle Jewell. P: Jack M. Skirball/Universal. U: 1943.

1944   **Lifeboat (Das Rettungsboot).** R: Hitchcock. B: Joe Swerling nach einer Geschichte von John Steinbeck. K: Glen MacWilliams. D: Tallulah Bankhead, John Hodiak, William Bendix, Walter Slezak, Mary Anderson, Hume Cronyn, Henry Hull, Heather Angel, Canada Lee. P: 20th Century. U: 1944

Bon Voyage. R: Hitchcock. B: J. O. C. Orton und Angus McPhail nach einer Idee von Arthur Calder-Marshall. K: Gunther Krampf. D: John Blyth, The Molière Players. P: British Ministry of Information. U: 1993

Aventure Malgache (engl.: **Madagascar Adventure**). R: Hitchcock. K: Gunther Krampf. D: The Molière Players. P: British Ministry of Information. U: 1993

1945   **Spellbound (Ich kämpfe um dich).** R: Hitchcock. B: Ben Hecht nach einem Roman von Francis Beeding. K: George Barnes. D: Ingrid Bergman, Gregory Peck, Leo G. Carroll, Norman Lloyd, Rhonda Fleming, Michael Chekhov, John Emery, Bill Goodwin, Art Baker, Wallace Ford, P: David O. Selznick. U: 1945

1946   **Notorious (Weißes Gift; Berüchtigt).** R: Hitchcock. B: Ben Hecht nach einer Idee von Hitchcock. K: Ted Tezlaff. D: Ingrid Bergman, Cary Grant, Claude Rains, Leopoldine Konstantin, Louis Calhern, Reinhold Schünzel, Ivan Triesault, Alex Minotis, Eberhard Krumschmidt, Sir Charles Mendl, Moroni Olsen, Ricardo Costa. P: RKO Radio Pictures. U: 1946

1947   **The Paradine Case (Der Fall Paradin).** R: Hitchcock. B: David O. Selznick nach einem Roman von Robert Hichens, bearbeitet von Alma Reville. K: Lee Garnes. D: Alida Valli, Gregory Peck, Ann Todd, Charles Laughton, Ethel Barrymore, Charles Coburn, Joan Tetzel, Louis Jordan, Leo G. Carroll, Isobel Elsom, Pat Aherne, John Williams. P: David O. Selznick. U: 1947

1948   **Rope (Cocktail für eine Leiche).** R: Hitchcock. B: Arthur Laurents nach einem Stück von Patrick Hamilton, bearbeitet von Hume Cronyn. K: Joseph Valentine und William V. Skall. D: James Stewart, John Dall, Farley Granger, Sir Cedric Hardwicke, Constance Collier, Douglas Dick, Edith Evanson, Joan Chandler, Dick Hogan. P: Sidney Bernstein und Hitchcock (Transatlantic Pictures). U: 1948

1949   **Under Capricorn (Sklavin des Herzens).** R: Hitchcock. B: James Bridie nach einem Stück von John Colton und Margaret Linden und einem Roman von Helen Simpson. K: Jack Cardiff. D: Joseph Cotten, Ingrid Bergman, Michael Wilding, Margaret Leighton, Cecil Parker, Denis O'Dea, Jack Watting. P: Sidney Bernstein und Hitchcock (Transatlantic Pictures). U: 1949

1950   **Stage Fright (Die rote Lola).** R: Hitchcock. B: Whitfield Cook nach Erzählungen von Selwyn Jepson, bearbeitet von Alma Reville und James

Bridie. K: Wilkie Cooper. D: Marlene Dietrich, Jane Wyman, Michael Wilding, Richard Todd, Alastair Sim, Sybil Thorndike, Kay Walsh, Patricia Hitchcock, Joyce Grenfell, Miles Melleson, Hector MacGregor, Ballard Berkeley, André Morell. P: Hitchcock/Warner Brothers-First National Pictures. U: 1950

1951 **Strangers on a Train (Verschwörung im Nordexpreß; Der Fremde im Zug).** R: Hitchcock. B: Raymond Chandler, Czenzi Ormonde und Whitfield Cook nach einem Roman von Patricia Highsmith. K: Robert Burks. D: Robert Walker, Farley Granger, Laura Elliott, Ruth Roman, Patricia Hitchcock, Leo G. Carroll, Marion Lorne, Jonathan Hale. P: Hitchcock/Warner Brothers-First National Pictures. U: 1951

1953 **I Confess (Ich beichte; Zum Schweigen verurteilt).** R: Hitchcock. B: George Tabori und William Archibald nach einem Stück von Paul Anthelme. K: Robert Burks. D: Montgomery Clift, Anne Baxter, Karl Malden, Roger Dann, O.E. Hasse, Dolly Haas, Brian Aherne, Charles André, Judson Pratt, Ovila Legare, Giles Pelletier. P: Hitchcock/Warner Brothers-First National Pictures. U: 1953

1954 **Dial «M» for Murder (Bei Anruf Mord).** R: Hitchcock. B: Frederick Knott nach seinem Theaterstück. K: Robert Burks. D: Ray Milland, Grace Kelly, Robert Cummings, Anthony Dawson, John Williams, Leo Britt, Patrick Allen, George Leigh, George Alderson, Robin Hughes. P: Hitchcock/Warner Brothers-First National Pictures. U: 1954

Rear Window (Das Fenster zum Hof). R: Hitchcock. B: John Michael Hayes nach einer Short story von Cornell Woolrich. K: Robert Burks. D: James Stewart, Grace Kelly, Thelma Ritter, Raymond Burr, Wendell Corey, Irene Winston, Judith Evelyn, Ross Bagdasarian, Georgine Dracy, Jesslyn Fax, Rand Harper. P: Hitchcock/Paramount Pictures. U: 1954

1955 **To Catch a Thief (Über den Dächern von Nizza).** R: Hitchcock. B: John Michael Hayes nach einem Roman von David Dodge. K: Robert Burks und Wallace Kelly. D: Cary Grant, Grace Kelly, Jessie Royce Landis, John Williams, Brigitte Auber, Charles Vanel, René Blancard. P: Hitchcock/Paramount Pictures. U: 1955

The Trouble with Harry (Immer Ärger mit Harry). R: Hitchcock. B: John Michael Hayes nach einem Roman von J. Trevor Story. K: Robert Burks. D: Edmund Gwenn, John Forsythe, Shirley MacLaine, Mildred Natwick, Mildred Dunnock, Jerry Mathers, Royal Dano, Parker Fennelly, Philip Truex. P: Hitchcock/Paramount. U: 1955

1956 **The Man Who Knew Too Much (Der Mann, der zuviel wußte).** R: Hitchcock. B: John Michael Hayes und Angus McPhail nach einer Geschichte von Charles Bennett und D. B. Wyndham Lewis. K: Robert Burks. D: James Stewart, Doris Day, Christopher Olsen, Bernard Miles, Brenda de Banzie, Reggie Nalder, Daniel Gélin, Ralph Truman, Mogans Wieth, Alan Mowbray, Hilary Brooke, Carolyn Jones, Richard Wattis, Alix Talton. P: Hitchcock/Paramount. U: 1956

The Wrong Man (Der falsche Mann). R: Hitchcock. B: Maxwell Anderson und Angus McPhail nach einer Geschichte von Anderson. K: Robert Burks. D: Henry Fonda, Vera Miles, Anthony Quayle, Esther Minciotti, Harold J. Stone, John Heldabrand, Doreen Lang, Laurinda Barrett, Norma Connolly, Lola D'Annunzio, Nehemiah Persoff, Robert Essen, Kippy

Campbell, Dayton Lummis, Charles Cooper, Peggy Webber, Richard Robbins. P: Hitchcock/Warner Brothers-First National Pictures. U: 1956

1958 **Vertigo (Aus dem Reich der Toten).** R: Hitchcock. B: Alec Coppel und Samuel Taylor nach einem Roman von Pierre Boileau und Thomas Narcejac. K: Robert Burks. D: James Stewart, Kim Novak, Barbara Bel Geddes, Tom Helmore, Konstantin Shayne, Henry Jones, Raymond Bailey, Ellen Corby, Lee Patrick. P: Hitchcock/Paramount. U: 1958

1959 **North by Northwest (Der unsichtbare Dritte).** R: Hitchcock. B: Ernest Lehman. K: Robert Burks. D: Cary Grant, Eva Marie Saint, James Mason, Jessie Royce Landis, Leo G. Carroll, Philip Ober, Martin Landau, Adam Williams, Robert Ellenstein, P: Hitchcock/MGM. U: 1959

1960 **Psycho.** R: Hitchcock. B: Joseph Stefano nach einem Roman von Robert Bloch. K: John L. Russell. D: Anthony Perkins, Janet Leigh, Vera Miles, John Gavin, Martin Balsam, John McIntire, Lurene Tuttle, Simon Oakland, Frank Albertson, Patricia Hitchcock, Vaughn Taylor. Mort Mills, John Anderson. P: Hitchcock/Paramount. U: 1960

1963 **The Birds (Die Vögel).** R: Hitchcock. B: Evan Hunter nach einer Short story von Daphne du Maurier. K: Robert Burks. D: Tippi Hedren, Rod Taylor, Jessica Tandy, Suzanne Pleshette, Veronica Cartwright, Ethel Griffies, Charles McGraw, Ruth McDevitt, Malcolm Atterbury, Lonny Chapman, Elizabeth Wilson, Joe Mantell, Doodles Weaver, John McGovern, Karl Swenson, Richard Deacon, Doreen Lang. P: Hitchcock/Universal. U: 1963

1964 **Marnie.** R: Hitchcock. B: Jay Presson Allen nach einem Roman von Winston Graham. K: Robert Burks. D: Tippi Hedren, Sean Connery, Diane Baker, Louise Latham, Martin Gabel, Bob Sweeney, Alan Napier, Mariette Hartley, Edith Evanson, S. John Launer, Meg Wyllie, Bruce Dern. P: Hitchcock/Universal. U: 1964

1966 **Torn Curtain (Der zerrissene Vorhang).** R: Hitchcock. B: Brian Moore. K: John F. Warren. D: Paul Newman, Julie Andrews, Lila Kedrova, Wolfgang Kieling, Tamara Toumanova, Ludwig Donath, David Opatoshu, Hansjörg Felmy, Günther Strack, Gisela Fischer, Mort Mills, Carolyn Conwell, Arthur Gould-Porter, Gloria Gorvin. P: Hitchcock/Universal. U: 1966

1969 **Topaz (Topas).** R: Hitchcock. B: Samuel Taylor nach einem Roman von Leon Uris. K: Jack Hildyard. D: Frederick Stafford, John Forsythe, Dany Robin, John Vernon, Karin Dor, Michel Piccoli, Philippe Noiret, Claude Jade, Roscoe Lee Brown, Per-Axel Arosenius, Michel Subor. P: Hitchcock/Universal. U: 1969

1972 **Frenzy.** R: Hitchcock. B: Anthony Shaffer nach einem Roman von Arthur La Bern. K: Gil Taylor. D: Jon Finch, Barry Foster, Barbara Leigh-Hunt, Anna Massey, Aley McCowen, Vivien Merchant, Billie Whitelaw, Clive Swift, Bernard Cribbins, Elsie Randolph, Michael Bates, Jean March. P: Hitchcock/Universal. U: 1972

1976 **Family Plot (Familiengrab).** R: Hitchcock. B: Ernest Lehman nach einem Roman von Victor Canning. K: Leonard South. D: Bruce Dern, Karen Black, Barbara Harris, William Devane, Ed Lauter, Cathleen Nesbitt, Katherine Helmond, Warren J. Jemmerling, Edith Atwater, William Prince, Nicolas Colasanto, Marge Redmond. P: Hitchcock/Universal. U: 1976

2. Fernsehfilme

S = Sender; E = Erstsendung

1955 **Revenge.** R: Hitchcock, B: Francis Cockrell und A. I. Bezzerides nach einer Geschichte von Samuel Blas. K: John L. Russell. D: Ralph Meeker, Vera Miles, Frances Bavier, Ray Montgomery. S: CBS. E: 2. Oktober 1955
Breakdown. R: Hitchcock. B: Francis Cockrell und Louis Pollock nach einer Geschichte von Louis Pollock. K: John L. Russell. D: Joseph Cotten, Raimund Bailey, Forrest Stanley, Lane Chandler. S: CBS. E: 13. November 1955

1956 **The Case of Mr. Pelham.** R: Hitchcock. B: Francis Cockrell nach einer Geschichte von Anthony Armstrong. K: John L. Russell. D: Tom Ewell, Raymond Bailey, Kirby Smith, Kay Stewart. S: CBS. E: 4. März 1956
Back for Christmas. R: Hitchcock. B: Francis Cockrell nach einer Geschichte von John Collier. K: John L. Russell. D: John Williams, Isobel Elsom, A. E. Gould-Porter, Gavin Muir. S: CBS. E: 4. März 1956
Wet Saturday. R: Hitchcock. B: Marian Cockrell nach einer Geschichte von John Collier. K: John L. Russell. D: Sir Cedric Hardwicke, John Williams, Kathryn Givney, Tita Purdom. S: CBS. E: 30. September 1956
Mr. Blanchard's Secret. R: Hitchcock. B: Sarett Rudley nach einer Geschichte von Emily Neff. K: John L. Russell. D: Mary Scott, Robert Horton, Dayton Lummis, Meg Mundy. S: CBS. E: 23. Dezember 1956

1957 **One More Mile to Go.** R: Hitchcock. B: James P. Cavanagh nach einer Geschichte von F. J. Smith, K: John L. Russell. D: David Wayne, Louise Larrabee, Steve Brodie, Norman Leavitt. S: CBS. E: 7. April 1957
Four O'Clock. R: Hitchcock. B: Francis Cockrell nach einer Geschichte von Cornell Woolrich. K: John L. Russell. D: E.G. Marshall, Nancy Kelly, Richard Long, Jesslyn Fax. S: NBC. E: 30. September 1957
The Perfect Crime. R: Hitchcock. B: Stirling Silliphant nach einer Geschichte von Ben Ray Redman. K: John L. Russell. D: Vincent Price, James Gregory, John Zaremba, Marianne Stewart. S: CBS. E: 20. Oktober 1957

1958 **Lamb to the Slaughter.** R: Hitchcock. B: Roald Dahl nach einer eigenen Geschichte. K: John L. Russell. D: Barbara Del Geddes, Harold J. Stone, Allan Lane, Ken Clark, S: CBS. E: 13. April 1958
Dip in the Pool. R: Hitchcock. B: Robert C. Dennis und Francis Cockrell nach einer Geschichte von Roald Dahl. K: John F. Warren. D: Keenan Wynn, Louise Platt, Philip Bourneuf, Fay Wray. S: CBS. E: 14. September 1958
Poison. R: Hitchcock. B: Casey Robinson nach einer Geschichte von Roald Dahl. K: John L. Russell. D: Wendell Corey, James Donald, Arnold Moss, Weaver Levy. S: CBS. E: 5. Oktober 1958

1959 **Banquo's Chair.** R: Hitchcock. B: Francis Cockrell nach einer Geschichte von Rupert Croft-Cooke. K: John L. Russell. D: John Williams, Kenneth Haigh, Reginald Gardiner, Max Adrian. S: CBS. E: 3. Mai 1959
Arthur. R: Hitchcock. B: James P. Cavanagh nach einer Geschichte von Arthur Williams. K: John L. Russell. D: Laurence Harvey, Hazel Court, Robert Douglas, Patrick MacNee. S: CBS. E: 27. September 1959

The Crystal Trench. R: Hitchcock. B: Stirling Silliphant nach einer Geschichte von A. E. W. Mason. K: John F. Warren. D: James Donald, Patricia Owens, Ben Astar, Werner Klemperer. S: CBS. E: 4. Oktober 1959

1960   **Incident at the Corner.** R: Hitchcock. B: Charlotte Armstrong nach einer eigenen Geschichte. K: John L. Russell. D: Paul Hartman, Vera Miles, George Peppard, Bob Sweeney. S: NBC. E: 5. April 1960

Mrs. Bixby and the Colonel's Coat. R: Hitchcock. B: Halstedt Welles nach einer Geschichte von Roald Dahl, K: John L. Russell. D: Audrey Meadows, Les Tremayne, Stephen Chase, Sally Hughes. S: NBC. E: 27. September 1960

1961   **The Horseplayer.** R: Hitchcock. B: Henry Slesar nach einer eigenen Geschichte. K: John L. Russell. D: Claude Rains, Ed Gardner, Percy Helton, Kenneth MacKenna. S: NBC. E: 14. März 1961

Bang! You're Dead. R: Hitchcock. B: Harold Swanton nach einer Geschichte von Margery Vosper. K: John L. Russell. D: Biff Elliott, Lucy Prentiss, Billy Mumy, Steven Dunne. S: NBC. E: 17. Oktober 1961

1962   **I Saw the Whole Thing.** R: Hitchcock. B: Henry Slesar nach einer Geschichte von Henry Cecil. K: Benjamin H. Kline. D: John Forsythe, Kent Smith, Evans Evans, John Fiedler. S: NBC. E: 11. Oktober 1962

Bibliographie

1. Bibliographien und Filmographien

Die umfassendste Bibliographie zu Alfred Hitchcock bietet Hans J. Wulff: All About Alfred. Münster 1988

Umfangreiche und bis auf kleinere Ungenauigkeiten recht verläßliche Filmographien sind zu finden in folgenden Büchern:

Bodo Fründt: Alfred Hitchcock und seine Filme. München 1986, S. 260–293

Gene D. Phillips: Alfred Hitchcock. London 1986, S. 189–206

Donald Spoto: Alfred Hitchcock. Die dunkle Seite des Genies. München 1986, S. 660–675

John Russell Taylor: Die Hitchcock-Biographie. Alfred Hitchcocks Leben und Werk. Frankfurt a. M. 1982, S. 371–390

François Truffaut: Mr. Hitchcock, wie haben Sie das gemacht? München 1985, S. 313–327

2. Veröffentlichungen von Hitchcock

Nicht aufgeführt werden die Bände der Taschenbuch-Reihe «Alfred Hitchcock's Mystery Magazine» (dt: «Alfred Hitchcocks Kriminalmagazin»), der Hitchcock zwar seinen Namen lieh, an der er sich aber dem äußeren Anschein zum Trotz weder als Herausgeber noch als Autor jemals beteiligt hat.

Gas. In: The Henley, Nr. 1, Juni 1919

More Cabbages, Fewer Kings. In: Kine Weekly, 14. Januar 1937, S. 30

The Woman Who Knows Too Much. In: McCall's, März 1956

Film Production. In: The Encyclopedia Britannica, Bd. 15. London 1972, S. 907–910

Direction. In: Albert LaValley (Hg.): Focus on Hitchcock. Englewood Cliffs 1972, S. 32–39

Rear Window. In: LaValley, a. a. O. S. 40–47

Production Methods Compared. In: Richard Koszarski (Hg.): Hollywood Directors: 1941–76. New York 1977, S. 156–161

3. Interviews (Auswahl)

Truffaut, François und Claude Chabrol: Entretien avec Alfred Hitchcock. In: Cahiers du Cinéma, Nr. 44, Februar 1955, S. 19–31

Roche, Cathérine de la: Conversation with Hitchcock. In: Sight and Sound, Winter 1955–56

Bitsch, Charles und François Truffaut: Rencontre avec Alfred Hitchcock. In: Cahiers du Cinéma, Nr. 62, August–September 1956, S. 1–5

Havemann, Ernest: We Present Alfred Hitchcock. In: Theatre Arts, Nr. 9, September 1956, S. 27–28 und 91–92

«Murder – with English on It». In: New York Times Magazine, 3. März 1957, S. 17

«Why You Need Thrills and Chills». In: This Week Magazine, 22. September 1957

Baly, Atra: Hitchcock: Gooseflesh Is His Aim. In: New Journal American, 23. September 1959

«Pourquoi j'ai peur la nuit». In: Arts, Nr. 77, 1. Juni 1960

Fallaci, Oriana: Alfred Hitchcock. In: O. Fallaci: The Egotists. Chicago 1963

«Hitchcock and the Dying Art: His Recorded Comments». In: Film, Sommer 1966

Martin, Pete: Alfred Hitchcock: Pete Martin Calls on Hitchcock. In: Harry M. Geduld (Hg.): Film Makers on Film Making. Bloomington und London 1967

Lightman, Herb: Hitchcock Talks About Lights, Camera, Action. In: American Cinematographer, Mai 1967, S. 333

«A Talk with Alfred Hitchcock». In: Action. Nr. 3, Mai–Juni 1968, S. 8–10

Higham, Charles, und Joel Greenberg: Alfred Hitchcock. In: Higham/Greenberg: The Celluloid Muse: Hollywood Directors Speak. London 1971, S. 86–103

Bogdanovich, Peter: Interview with Alfred Hitchcock. In: Albert LaValley (Hg.): Focus on Hitchcock. Englewood Cliffs 1972, S. 28–31

«Der Kartoffelstaub auf dem Busen des Mädchens». Hitchcock im Interview mit Hanns Fischer. In: Frankfurter Rundschau, 21. Oktober 1972

Samuels, Charles Thomas: Encountering Directors. New York 1972

Schickel, Richard: The Man Who Made the Movies. TV-Interview, 1983 (Sendung des Westdeutschen Rundfunks 1987)

Truffaut, François: Mr. Hitchcock, wie haben Sie das gemacht? München 1985

4. Über Hitchcock und seine Filme

Amengual, Barthélemy, und Raymond Borde: Alfred Hitchcock. Lyon 1960

Bazin, André: Panoramique sur Alfred Hitchcock, In: L'Écran Français, Nr. 238, Januar 1950

– : La cinéma de la cruauté. Paris 1975

Blumenberg, Hans C.: Die frühen Filme von Alfred Hitchcock. In: Fernsehen und Film, August–Oktober 1969

Bogdanovich, Peter: The Cinema of Alfred Hitchcock. New York 1963

Bond, Kirk: The Other Alfred Hitchcock. In: Film Culture, Sommer 1966, S. 30–35

Brill, Lesley: The Hitchcock Romance: Love and Irony in Hitchcock's Films. Princeton 1988

Brown, Royal D.: Herrmann, Hitchcock, and the Music of the Irrational. In: Cinema Journal, Frühjahr 1982, S. 35

Buchka, Peter: Die Rückkehr der Menschenfresser. Alfred Hitchcocks englische Periode (1925–39): die Emanzipation von der Literatur. In: Süddeutsche Zeitung, 29./30. Juni 1974

–: Mord als schöne Kunst. Zum Comeback alter Hitchcock-Filme. In: Süddeutsche Zeitung, 17./18. März 1984

Chandler, Raymond: Die simple Kunst des Mordes. Zürich 1975 (S. 162–166 zu «Strangers on a Train»)

Demonsablon, Phillipe: Lexique mythologique pour l'œuvre de Hitchcock. In: Cahiers du Cinéma, Nr. 62, August–September 1956, S. 17 ff.

Durgnat, Raymond: The Strange Case of Alfred Hitchcock. London 1974

Dynia, Philip: Alfred Hitchcock and the Ghost of Thomas Hobbes. In: Cinema Journal, Nr. 2, Frühjahr 1976, S. 27–41

Finler, Joel W.: Alfred Hitchcock. The Hollywood Years. London 1992

Fischer, Robert: Regie: Alfred Hitchcock. Eine Bilddokumentation seiner Kunst. Schondorf 1979

Freeman, David: The Last Days of Alfred Hitchcock. Woodstock 1984

Fründt, Bodo: Alfred Hitchcock und seine Filme. München 1986

Gilliat, Penelope: The London Hitch. In: The New Yorker, 11. September 1971, S. 91–93

Godard, Jean-Luc: Le Cinéma et son double. In: Cahiers du Cinéma, Nr. 72, Juni 1957, S. 35–42

Harris, Robert A., und Michael S. Lasky: Alfred Hitchcock und seine Filme. Hg. von Joe Hembus. München 1982

Humphries, Patrick: The Films of Alfred Hitchcock. New York 1986

Karasek, Hellmuth: Aus dem Reich des Toten. In: Der Spiegel, Nr. 8, 1984, S. 174–183

Kindem, Gorham Anders: Toward a Semiotic Theory of Visual Communication: The Color Films of Alfred Hitchcock. New York 1980

Kloppenburg, Josef: Die dramaturgische Funktion der Musik in den Filmen Alfred Hitchcocks. München 1986

Lambert Gavin: Hitchcock and the Art of Suspense. In: American Film, Januar–Februar 1976, S. 18

LaValley, Albert (Hg.): Focus on Hitchcock. Englewood Cliffs 1972

Leff, Leonard J.: Hitchcock and Selznick: The Rich and Strange Collaboration of Alfred Hitchcock and David O. Selznick. New York 1987

Manz, Hans Peter: Alfred Hitchcock. Zürich 1962

Millar, Gavin: Hitchcock versus Truffaut. In: Sight and Sound, Frühjahr 1969, S. 82–87

Modleski, Tania: The Women Who Knew Too Much: Hitchcock and Feminist Theory. New York 1988

Perry, George: The Films of Alfred Hitchcock. New York und London 1965

Phillips, Gene D.: Alfred Hitchcock. London 1986

Pratley, Gerald: Alfred Hitchcock's Working Credo. In: Films in Review, Nr. 10, Dezember 1952, S. 501

Rohmer, Eric, und Claude Chabrol: Hitchcock. Paris 1957

Rothman, William: Hitchock: The Murderous Gaze. Cambridge, Mass. 1982

Ryall, Tom: Alfred Hitchcock and the British Cinema. Urbana und Chicago 1986

Simone, Sam P.: Hitchcock as Activist. Politics and the War Films. Ann Arbor 1985

Simsolo, Noël: Alfred Hitchcock. Paris 1969

Sonbert, Warren: Alfred Hitchcock: Master of Morality. In: Film Culture, Nr. 41, Sommer 1966, S. 35–38

Spoto, Donald: The Art of Alfred Hitchcock. New York 1976

– : Alfred Hitchcock. Die dunkle Seite des Genies. München 1986

Taylor, John Russell: Die Hitchcock-Biographie. Alfred Hitchcocks Leben und Werk. Frankfurt a.M. 1982

Thomas, Bob: Directors in Action. New York 1973

Truffaut, François: Seine wirkliche Stärke ist die Emotion. Zum 80. Geburtstag von Alfred Hitchcock. In: Frankfurter Rundschau, 13. August 1979

Weis, Elizabeth: The Silent Scream: Alfred Hitchcock's Sound Track. East Brunswick 1982

Wood, Robin: Hitchcock's Films. London 1965

– : Hitchcock's Films Revisited. New York 1989

Wulff, Hans J.: All About Alfred: Hitchcock-Bibliografie. Münster 1988

Yacowar, Maurice: Hitchcock's British Films. Hamden 1977

5. Zur Filmgeschichte, Technik etc.

Agel, Henri: Esthétique du cinéma. Paris 1957

Armes, Roy: A Critical History of British Cinema. London 1978

Arnheim, Rudolf: Film als Kunst. Berlin 1932

Balázs, Béla: Der sichtbare Mensch. Wien und Leipzig 1924

– : Der Geist des Films. Halle 1930

Balcon, Michael, Ernest Lindgren, Forsyth Hardy und Roger Manvell: Twenty Years of British Film 1925–1945. London 1947

Baxter, John: The Gangster Film. New York 1970

Behlmer, Rudy (Hg.): Memo from: David O. Selznick. With an Introduction by S. N. Behrman. New York 1971

Betts, Ernest: The Film Business. A History of British Cinema 1896–1972. London 1973

Brunel, Adrian: Nice Work. The Story of Thirty Years in British Film Production. London 1949

Davy, Charles: Footnotes to the Film. London 1937

Eisner, Lotte: Murnau. Der Klassiker des deutschen Films. Hannover 1967

Gregor, Ulrich, und Enno Patalas: Geschichte des Films. 2 Bde., Reinbek 1986

Haver, Ronald: David O. Selznick's Hollywood. München 1983

Hecht, Ben: A Child of the Century. New York 1955

Kracauer, Siegfried: Von Caligari zu Hitler. Eine psychologische Geschichte des deutschen Films. Frankfurt a.M. 1984

Lindsay, Vachel: The Art of the Moving Picture. New York 1970

Macgowan, Kenneth: Behind the Screen. The History and Techniques of the Motion Picture. New York 1965

Monaco, James: Film verstehen. Kunst, Technik, Sprache, Geschichte und Theorie des Films. Reinbek 1988

Noble, Peter: Anthony Asquith. London o. J.

Perry, George: The Great British Picture Show. London 1974

Pitkin, Walter B., und William M. Marston: The Art of Sound Pictures. New York und London 1930

Rivkin, Allen, und Laura Kerr: Hello, Hollywood! A Book About the Movies by the People Who Make Them. New York 1962

Sennet, Ted: Warner Brothers Presents. The Most Exciting Years – From the Jazz Singer to White Heat. O.O. 1971

Seeßlen, Georg: Kino der Angst. Geschichte und Mythologie des Film-Thrillers. Reinbek 1980

– : Mord im Kino. Geschichte und Mythologie des Detektiv-Films. Reinbek 1981

Seeßlen, Georg, und Claudius Weil: Kino des Phantastischen. Geschichte und Mythologie des Horror-Films. Reinbek 1980

Staples, Donald E.: The American Cinema. Washington 1973

Stepun, Fedor: Theater und Kino. Berlin 1932

Taylor, John Russell: Cinema Eye, Cinema Ear. London 1964

Toeplitz, Jerzy: Geschichte des Films. 2 Bde., München 1987

Umbehr, Heinz: Der Tonfilm. Grundlagen und Praxis seiner Aufnahme, Bearbeitung und Vorführung. Berlin 1930

Wald, Jerry, und Richard Macaulay: The Best Picture 1939–1940 and the Year Book of Motion Picture in America. New York 1940

Wright, Basil: The Use of the Film. London 1948

Namenregister

Die kursiv gesetzten Zahlen bezeichnen die Abbildungen

Aldrich, Robert 107
Ambler, Eric 66
Andrews, Julie 117, *116*
Anne, Prinzessin von Windsor 126
Arnold, Tom 57
Asquith, Anthony 51

Balcon, Michael 28, 30, 32 f., 35, 38, 58 f., *28*
Bankhead, Tallulah 26
Barry, Joan *56*
Beeding, Francis 79
Belfrage, Cedric 32
Bennett, Charles 48, 59
Bentley, Thomas 54
Bergman, Ingrid 79 f., 86 f., 93, 103, 130, *80*
Bernstein, Sydney 83
Buchan, John 15
Buñuel, Luis 20
Burks, Robert 96

Carpenter, John 107
Carroll, Leo G. 26
Chabrol, Claude 29, 77, 122
Chandler, Raymond 90, *90*
Chaplin, Charles Spencer 18, 25, 27, 47, 73
Chesterton, Gilbert Keith 15
Christie, Agatha 88
Churchill, Winston 72
Clair, René 20, 38
Cocteau, Jean 20
Collier, Constance 40
Connery, Sean 109, *112*

Conrad, Joseph 26
Corelli, Marie 22
Cotten, Joseph 76, 113, *76*
Coward, Noël 40
Crisp, Donald 23
Croise, Hugh 26
Cronenberg, David 107
Cutts, Graham 30, 33

Dalí, Salvador 79
Dane, Clemence 52
Davis, Bette 95
Day, Doris 101
Dean, Basil 52
Decker, Richard E. 115
De Mille, Cecil Blount 25
Dern, Bruce *129*
Dickens, Charles 67
Dickson, William Kennedy Laurie 46
Dietrich, Marlene 88, *86*
Doyle, Conan 15
Druten, John van 54, 83
Duvain 20

Edison, Thomas Alva 46
Elizabeth II., Königin von England 130
Epstein, Jean 20

Fairbanks, Douglas (Julius Ullmann) 18
Farjeon, Joseph J. 54
Fitzmaurice, George 26, *27*
Fonda, Henry *102*
Fontaine, Joan 70, *74*

Forsythe, John 113
Foster, Barry *125*
Freedman, John 28
Freud, Sigmund 79

Gable, Clark 67
Galsworthy, John 26, 53
Godard, Jean-Luc 7, 122
Goebbels, Joseph 73
Goold, Robert 15
Gounod, Charles 113
Granger, Farley 91
Grant, Cary 79, 96, 100, *74, 80, 98*
Griffith, David Wark 18, 23 f.
Gwenn, Edmund 100

Hammett, Dashiell 90
Harris, Barbara 129
Harrison, Joan 66
Hawks, Howard 74
Hayes, John Michael 96
Hays, William 70
Head, Edith 96
Hecht, Ben 79
Hedren, Tippi (Nathalie Hedren) 96, 103, 109, 111, *112*
Hemingway, Ernest 67
Hepburn, Audrey 105 f.
Hepworth, Cecil 25
Herrmann, Bernard 96
Hicks, Seymour 26
Highsmith, Patricia 89, 117
Hitchcock, Alma siehe unter Alma Reville
Hitchcock, Ann siehe unter Ann Mahoney
Hitchcock, Ellen Kathleen 11, 82
Hitchcock, Emma siehe unter Emma Whelan
Hitchcock, Joseph 9
Hitchcock, Patricia 45, 54, 83, *45, 68, 92*
Hitchcock, William 9, 11 f., 14, 17, *10*
Hitchcock, William jr. 11, 82 f.
Homolka, Oscar 64

Jolson, Al 46
Jannings, Emil 18

Keaton, Buster 18
Kelly, Grace 93 f., 96 f., 99 f., 103, *94, 96, 98, 99*
Kendall, Henry *56*
Kieling, Wolfgang 118
Knight, Esmond 57
Korda, Alexander 57
Kubrick, Stanley 107
Kurosawa, Akira 89

Lang, Fritz 29, 50
Langlois, Henri *123*
Laughton, Charles 81, *81*
Lautréamont, Comte de (Isidore Ducasse) 20
Lawrence, Gertrude 56
Lehman, Ernest 96, 127,130
Leigh-Hunt, Barbara *125*
Levy, Benn W. 56
Lockwood, Margaret *64*
Lombard, Carole 67, 74
Lorre, Peter 64, *63*
Low, Rachel 26
Lowndes, Marie Belloc 35
Lubitsch, Ernst 29, 74

MacPhail, Angus 79, 96
Mahoney, Ann 9
Mann, Thomas 67
Marx Brothers 44
Maurier, Daphne du 69
Maurier, Gerald du 56
Maxwell, John 41 f., 46, 54
McLaine, Shirley 96
Miles, Vera 103, 113
Montagu, Ivor 38 f., 58
Morston, William 48
Murnau, Friedrich Wilhelm (Friedrich Wilhelm Plumpe) 18, 29

Naldi, Nita 34
Negri, Pola 29
Newman, Paul 117 f. *116*
Novak, Kim 103, *104*
Novello, Ivor 26, 37, 39 f., *37*

O'Casey, Sean 52
Olivier, Laurence 70

Ondra, Anny 48
Ostrer, Gebrüder 58

Pagnol, Marcel 48
Palma, Brian de 107
Paul, Robert William 23, 25
Pearson, George 52
Peck, Gregory 79, 81
Perkins, Anthony 96
Phillpotts, Eden 44
Pickford, Mary (Gladys Mary Smith) 18
Pitkin, Walter 48
Poe, Edgar Allan 19 f.
Polanski, Roman 107
Pommer, Erich 28
Powell, Paul 23

Rainier III., Fürst von Monaco 99, *99*
Rains, Claude 113
Reville, Alma 29, 39, 45, 54 f., 66, 82, 104, 126 f., 130, *33, 39, 53, 68, 119*
Robertson, John S. 23
Rohmer, Eric 29, 77, 122
Ross, Anita 27
Rózsa, Miklós 79
Rubini, Jan *27*

Sandys, Oliver 30
Saunders, Jack 51
Saville, Victor 28
Schüfftan, Eugen 50
Selznick, David O. 67 ff., 70 f., 73, 75, 78 ff., 81, *70*
Selznick, H. Myron 67
Shakespeare, William 55
Simpson, Helen 52
Sinatra, Frank 95
Smith, George Albert 25
Spoto, Donald 44

Stannard, Eliot 42
Steinbeck, John 77
Stevenson, Robert Louis 91
Stewart, James 84, 95 ff.. 101, 103, *96, 104*
Stewart, Sally *64*
Story, Jack Trevor 100
Strauß, Johann (Vater und Sohn) 57
Sullivan, Thomas 131
Sydney, Sylvia 61

Taylor, John Russell 103
Thalberg, Irving G. 122
Thompson, Dorothy 78
Todd, Ann 81
Tripp, June 37
Truffaut, François 30, 47, 88, 124, *123*

Uris, Leon 119

Valentin, Karl 49
Valentine, Val 55
Valli, Alida 81
Verneuil, Henri 91

Wanger, Walter 73
Warren, John F. 117
Wasserman, Lew 95
Waxman, Franz 81, 96
Whale, James 52
Whelan, Emma 9, 11, 14, 72, 82 f., *45*
Whelan, John 10
Wiene, Robert 88
Wilder, Billy 88
Wilder, Thornton 75
Williamson, James 25
Withers, Googie *64*
Woolrich, Cornell 96
Wyman, Jane 88

Über den Autor

Bernhard Jendricke, geboren 1955, studierte Germanistik, Philosophie und Rechtswissenschaften. 1981 Promotion, danach tätig als wissenschaftlicher Mitarbeiter der Universität München, Mitarbeiter des Goethe-Instituts, freier Autor und Übersetzer. Mitglied der Übersetzer- und Autorenvereinigung «Kollektiv Druck-Reif». Veröffentlichungen zur Geschichte der Satire, zur Literatursoziologie und im Reiseführerbereich. In der Reihe rowohlts monographien Autor des Bandes «Alfred Andersch».

Quellennachweis der Abbildungen

Stiftung Deutsche Kinemathek, Berlin: 2, 18, 24/25, 28, 37, 41, 43, 56, 61, 70, 72, 74, 76, 80, 84/85, 86/87, 92, 94, 96, 98, 102, 104, 108 (2), 110, 112, 122 unten, 125 (2), 129
dpa Hamburg, Bildarchiv: 6, 99, 121, 122 oben, 126, 127
Aus: Joel W. Finler: Alfred Hitchcock. The Hollywood Years. London 1992: 8 (British Film Institute, London), 48, 64
Aus: Donald Spoto: Alfred Hitchcock. Die dunkle Seite des Genies. Hamburg 1984: 10, 31, 33
The Hulton Deutsch Collection, London: 12/13, 16, 27, 39
Brown Brothers: 19
Michael Schwarze: 21
Film-Archiv Lothar R. Just, Ebersberg: 32, 53, 63 oben, 78, 81, 115
Aus: John Russell Taylor: Die Hitchcock-Biographie. Alfred Hitchcocks Leben und Werk. München, Wien 1980: 45, 68
British Film Institute, London: 50, 58
Deutsches Institut für Filmkunde, Frankfurt a. M.: 63 unten
Archiv Cornelius Schnauber, Los Angeles: 69 (City Library, Los Angeles), 75
Associated Press: 90
Aus: Cahiers du cinéma 163, Februar 1965: 106
Aus: Robert A. Harris, Michael S. Lasky: Alfred Hitchcock und seine Filme. Hg. von Joe Hembus. München [3]1982: 111, 114
Interfoto-Pressebild-Agentur, München: 116
Alfred Hitchcock Collection, Academy of Motion Picture Arts and Sciences, Los Angeles: 118, 119